dtv

portrait

Albrecht Hagemann, geboren 1954 in Detmold, studierte
Geschichte und Sozialwissenschaften in München und
Bielefeld. 1988 promovierte er an der Universität Bielefeld
mit einer Arbeit über die deutsch-südafrikanischen
Beziehungen in der Zeit des Dritten Reiches. Heute ist er
Gymnasiallehrer in Herford. Unter anderem publizierte er
eine Biografie Nelson Mandelas, eine Geschichte Südafrikas
sowie in der Reihe ›dtv-Portrait‹ den Band ›Fidel Castro‹
(dtv 31057).

Mahatma Gandhi

Von Albrecht Hagemann

Deutscher Taschenbuch Verlag

Weitere in der Reihe **dtv portrait** erschienene Titel
finden Sie im Internet (www.dtv.de)
und im dtv-Gesamtverzeichnis,
das überall im Buchhandel erhältlich ist.

Originalausgabe
Januar 2008
© Deutscher Taschenbuch Verlag GmbH & Co. KG,
München
www.dtv.de
Das Werk ist urheberrechtlich geschützt. Sämtliche, auch
auszugsweise Verwertungen bleiben vorbehalten.
Umschlagkonzept: Balk & Brumshagen
Umschlagfoto: Corbis / Hulton-Deutsch Collection
Satz: Fotosatz Reinhard Amann, Aichstetten
Druck und Bindung: Firmengruppe APPL, aprinta druck, Wemding
Gedruckt auf säurefreiem, chlorfrei gebleichtem Papier
Printed in Germany · ISBN 978-3-423-31088-8

Nur wer sich selbst besiegt, ist stärker als der, der die stärksten Mauern überwindet, eine höhere Tugend gibt es nicht.

Heinrich Rantzau (1556–1598), seinerzeit mächtigster und bedeutendster Adliger der schleswig-holsteinischen Ritterschaft

Nur die Kontrolle über den eigenen Geist bedeutet wahre *swaraj* (etwa: Freiheit, Selbstherrschaft).

Mahatma Gandhi

Inhalt

1 Mahatma Gandhi, 1946

Kindheit und Jugend in Gujarat

Wardha im heißen Herzen Indiens: Unweit der kleinen Stadt steht Mahatma Gandhi im späten Jahr 1937 inmitten des von ihm gegründeten Sevagram-Ashrams unter der glühenden Sonne. Wie üblich trägt er das *dhoti*, das um die Hüften geschlungene, selbstgesponnene Beinkleid, das die Knie frei lässt. Gandhi bietet so die personifizierte Schlichtheit, die er hier in der klosterähnlichen Wohnanlage zusammen mit zahlreichen Gleichgesinnten vorlebt und predigt. Er hat sich zu dieser Zeit ein wenig aus der großen Politik zurückgezogen, aus dem zähen, gewaltfreien Kampf um die Unabhängigkeit Indiens von Großbritannien. Sein Interesse gilt momentan mehr der Hilfe für die armen Bauern in dem gewaltigen Subkontinent, seinen sozialreformerischen Ideen und dem Eintreten für die Ausgestoßenen der indischen Gesellschaft, kurzum: Es geht um *sarvodaya*, Wohlstand für alle.

Ihre Befürworter begnügen sich nicht damit, die Impfung bei den Menschen durchzuführen, die nichts dagegen einzuwenden haben, sondern sie suchen mit Hilfe des Strafgesetzes und schwerer Bußen sie auch den Völkern aufzuzwingen, die sich dagegen auflehnen. Die Impfung ist noch nicht sehr alt. Sie stammt aus dem Jahre 1798. Aber in dieser verhältnismäßig kurzen Zeitspanne sind Millionen von Menschen dem Irrtum verfallen, dass derjenige, der sich impfen lasse, gegen Pocken geschützt sei. Niemand kann behaupten, dass jeder, der nicht geimpft ist, unfehlbar die Pocken bekomme. Denn es sind viele Fälle bekannt, wo auch nichtgeimpfte Personen von der Epidemie verschont blieben. Wenn einzelne Menschen, die nicht geimpft wurden, den Pocken erliegen, dürfen wir daraus nicht schließen, dass sie verschont worden wären, wenn sie sich hätten impfen lassen. Die Impfung ist eine Barbarei und gehört zu den allerverhängnisvollsten Irrtümern unserer Zeit.

M. Gandhi, Wegweiser zur Gesundheit, S. 110 f.

Der Mahatma steht nicht allein in der Sonne, er unterhält sich angeregt mit Herbert Fischer, einem Gast und Mitarbeiter im Ashram, der als Pazifist und Linker vor den Nationalsozialisten geflohen ist und über eine Station im Spanischen Bürgerkrieg den Weg zu Gandhi nach Sevagram gefunden hat. Später, nach dem Zweiten Weltkrieg, sollte Fischer Botschafter der DDR in Indien und Nepal werden. Plötzlich stört ein leises Brummen das Gespräch der beiden Männer, der Deutsche hebt die Augen zum Himmel, kneift sie zusammen und erkennt ein kleines Flugzeug, das über den Ashram streicht. Gandhi blickt ebenfalls empor, zuckt gelangweilt mit den Achseln und meint, was das denn solle? Ein Flugzeug? Das war nicht Gandhis Welt, ebenso wenig wie die meisten technischen Errungenschaften seiner Zeit. Einfach, selbstgenügsam und an den bäuerlichen Bedürfnissen und Leistungen sollte sich das künftige freie Indien orientieren. Man tritt ihm wohl nicht zu nahe, wenn man zu dieser Zeit sein Ideal Indiens als das einer rückwärtsgewandten Utopie beschreibt.

Indien im Jahre 2007: Genau 60 Jahre ist es her, dass der Traum Gandhis von der Freiheit seiner Heimat in Erfüllung ging – wenn auch um den Preis eines mörderischen Bürgerkrieges und der Teilung Britisch-Indiens in die souveränen Staaten Indien und Pakistan. Noch immer ist Indien das Land der Aberhunderttausend Dörfer, der Rückständigkeit und bitteren Armut vor allem auf dem Lande. Doch Gandhi würde auch staunen. Gerade unter Rückgriff auf Bits und Bytes, auf die Inkarnation westlicher Technik und Modernität, ist der südasiatische Gigant dabei, sich in die vorderen Ränge wirtschaftlich erfolgreicher Nationen vorzuarbeiten. Die indische Presse überbietet sich mit Erfolgsmeldungen, die der Mahatma wohl nicht als solche empfunden hätte: Zwischen 2000 und 2005 hat sich in Indien die Zahl der Internetnutzer von fünf auf 40 Millionen verachtfacht, die Zahl der Handys von 2,3 auf 45 Millionen fast verneunzehnfacht, 2005 gab es im Lande 30 Millionen Flugpassagiere und fünf neue Fluglinien nahmen ihren Betrieb auf. Bis Ende 2006 soll es eine Million indische Dollar-Millionäre geben und für 5,2 Milliarden Euro entsteht im »Goldenen Viereck« zwischen Bombay (heute Mumbai), Delhi, Kalkutta (heute Kolkata) und Madras (heute Chennai) ein knapp 6000 km langer Autobahnring. Hat sich Gandhi also hinsichtlich der wirtschaftlichen Zukunft seines Landes geirrt – oder aber hat er mit seinen Visionen sogar weiter geblickt, über die entfesselte Gigantomanie des westlichen liberalen Wirtschaftsmodells hinaus in eine Zeit von Menschenhand nicht mehr steuerbarer Umwelt- und Klimakatastrophen?

Porbandar am Arabischen Meer, um die Mitte des 19. Jahrhunderts: Hier wurde Mohandas Karamchand Gandhi am 2. Oktober 1869 geboren. Das Hafenstädtchen liegt an der Küste von Saurashtra, der früheren Halbinsel Kathiawar, in der Provinz Gujarat. Gujarat war damals eine der politisch zerklüftetsten Provinzen Indiens, einerseits reichte die Macht Bombays bis hier, andererseits regierten unter britischer Oberhoheit rund 200 halbselbstständige Fürsten. Vom großen Rest Indiens lag Kathiawar einigermaßen isoliert, vor allem auf Grund geografischer Gegebenheiten. Vielleicht gerade deshalb zog es die dort ansässigen Händler schon lange vor der britischen Herrschaft übers Meer bis an die ostafrikanische Küste. Etwa seit der Geburt Mohandas' unterhielten Porbandars Kaufleute Beziehungen bis nach Südafrika – was sich für den jungen Gandhi als schicksalhaft erweisen sollte. Andere Handelswege führten nordwärts durch die Wüsten Sinds und Rajasthans. Größte und bedeutendste Stadt Gujarats blieb bis zur Ankunft der Briten Ahmedabad mit seiner Textilindustrie, zum Abstieg trug der Aufstieg Bombays mit dem Bau der Eisenbahnlinie 1853 und die Öffnung des Suezkanals 1869 bei. Ahmedabad, heute eine regionale Metropole mit viereinhalb Millionen Einwohnern, erlebte noch einmal einen Aufschwung, als die Eisenbahn 1864 die Stadt erreichte, das westliche Gujarat mit Porbandar verblieb hingegen im Abseits und war Mitte des 19. Jahrhunderts eine der konservativsten Gegenden Indiens. Sie war berüchtigt als eine der Hochburgen für Mädchentötungen – wegen der Mitgift, welche die Eltern von Töchtern der Familie des Bräutigams zu zahlen hatten –, und sie leistete erbitterten Widerstand gegen die von den Briten eingeführte Pockenschutzimpfung. Zur Zeit der Geburt Gandhis gab es in seiner Heimat keine nennenswerte Industrie, keine besonderen Städte oder Dörfer und keine Eisenbahn. Der Kamelritt von Ahmedabad in das Porbandar nahe gelegene Rajkot dauerte acht Tage. Kaum ein westlicher Einfluss störte die Region, christliche Missionsversuche beschränkten sich auf einen kläglich gescheiterten in Porbandar seitens irischer Presbyterianer in den 1840er Jahren. Die damals etwa 72 000 Seelen zählende Stadt mit ihrem Umland besaß eine Fläche von ca. 600 qkm und bildete eines von rund 600 indischen Fürstentümern. Nach dem letzten Aufstandsversuch der Inder gegen die Briten 1857/58, der sogenannten Sepoy-Revolte, ließ London von dem Versuch ab, die indischen Fürstentümer zu annektieren, änderte seine Strategie und gestattete ihnen eine formale Unabhängigkeit mit allem dazugehörigen Pomp und Prunk.

Über Kindheit und Jugend Mohandas' berichten nur wenige Quellen. Nahezu alle Biografen schöpfen beinahe ausschließlich aus Gandhis eigener ›Autobiographie oder Die Geschichte meiner Experimente mit der Wahrheit‹, einem umfangreichen Werk, das zunächst seit Mitte der 1920er Jahre in wöchentlichen Fortsetzungen auf Gujarati in der von ihm herausgegebenen Zeitschrift ›Navajivan‹ erschien und bis heute weltweit zahlreiche Ausgaben erfahren hat. Die Autobiografie endet um das Jahr 1921. Wenn es auch kaum Anlass gibt, Gandhis eigene Schilderung seiner frühen, ihn zweifellos sehr prägenden Jahre in Zweifel zu ziehen, bleibt beim kritischen Biografen doch ein gewisses Unbehagen angesichts sonst fehlender Quellen und Zeugen. Insgesamt liefert der Autor ein sehr farbiges, facettenreiches Porträt seiner Jugendzeit, das ihn selbst nicht eben bescheiden pointiert in den Mittelpunkt allen Geschehens rückt.

2 Gandhi als Siebenjähriger

Weit davon entfernt, sich als unfehlbaren Musterknaben der Nachwelt zu präsentieren, berichtet Gandhi freimütig von allerlei Versuchungen in seinen jungen Jahren und von Aktivitäten, die zuweilen eher das Bild eines kleinen Tunichtgutes entstehen lassen.

Mohandas wuchs in einer Familie mit einer langen väterlichen Tradition als Politikberater an den Fürstenhöfen von Kathiawar auf, obwohl sie eigentlich im Handel verwurzelt war. Großvater, Onkel und Vater dienten als *diwane*, als Ratgeber oder Premierminister der Fürsten. Mohandas' Vater Karamchand beriet den kleinen Hof von Porbandar, dann, von 1875 bis kurz vor seinem Tod zehn Jahre später, wirkte er als eine Art Premierminister in den Kleinstaaten Rajkot und Vankaner, ebenfalls in Gujarat. Möglicherweise dienten dem jungen Mohandas der Großvater und Vater als Vorbild in Sachen Mut und Integrität, er lernte sehr früh, dass Inder sich selbst regieren konnten. Die Fürstentümer Kathiawars zeigten ihm eine politische Alternative ungeachtet aller Rückständigkeit, sogar moralisch, mit einer hinduistischen Tradition, die der britischen *Raj* (»Herrschaft«) lange vorangegangen war. Gandhi wuchs wahrscheinlich mit einer weitaus günstigeren Meinung über die Fürstenstaaten auf als viele seiner indischen Zeitgenossen aus der Mittelschicht. Ungeachtet aller eingestandenen Korruption und Hofintrigen erkannte er vermutlich eine positive Rolle der Fürsten und ihrer *diwane* als Treuhänder des ungebildeten Volkes, als Träger eines zweifellos paternalistischen Herrschaftsgedankens. In einer späteren Auseinandersetzung mit dem Sozialismus schrieb Gandhi, es sei die Pflicht des Herrschers, dem Volke zu dienen, und als Gegenleistung für des Volkes Treue sei er dessen Treuhänder und Freund. In seiner Definition des Begriffs *swaraj* (»Selbstherrschaft«) betonte er, die Armen seien selber schuld an ihrer Misere, Hass auf den Herrscher sei nicht erlaubt, vielmehr sei gegenseitige Hilfe und Solidarität erforderlich. Bewusst oder unbewusst – Gandhi handelte später auf Grund seiner herausgehobenen Herkunft. Er ahnte wohl, dass er zur Führung bestimmt sei oder doch hinter den Mächtigen stehen werde.

Vermutlich ebenfalls unbewusst eignete sich Gandhi spezielle Formen des Widerstands an, die insbesondere in seiner Kaste und anderen Händlerkasten des überschaubaren Kathiawar verbreitet waren. Dazu gehörten sowohl gewalttätige Aktionen wie die Selbstverstümmelung mit dem Ziel, einen Schuldner in Verlegenheit zu bringen und damit zur Zahlung zu bewegen, als auch gewaltfreie: Ein Gläubiger konnte sich fastend in aller Öffentlichkeit vor ein Gebäude setzen und versuchen, mit seinem Leid Passanten wie Schuldner zu beeindrucken. Diese Techniken funktionierten jedoch nur in Kleinstaaten, wo jeder jeden kannte und persönliche Beziehungen das soziale Leben bestimmten. Auch ist bei späteren Fastenaktionen Gandhis gefragt worden, ob die mit ihnen verbundenen Nötigungen des Gegners noch ganz dem Ideal der Gewaltfreiheit entsprachen.

Als der Vater den Fürsten der ca. 180 km nordöstlich von Porbandar gelegenen Stadt Rajkot beriet, kam Mohandas dort mit sieben Jahren auf die Grundschule. Nach seiner Autobiografie eher schüchtern und zerbrechlich, besaß er gleichwohl intellektuellere Fähigkeiten als seine älteren Brüder Laxmidas und Karsandas. Zeitweilig besuchte er das

College in Rajkot, wo er Englisch fließend zu beherrschen lernte. Dennoch stand Gandhi zeit seines Lebens zu seiner Muttersprache Gujarati, verfasste alle seine Werke zunächst in dieser Sprache und betonte immer wieder die grundsätzliche Bedeutung einer jeden Muttersprache des indischen Subkontinentes.

Der amerikanische Journalist Louis Fischer nannte Gandhis sozialen Hintergrund treffend »Mittelkaste und Mittelklasse«. Die Modh-Bania-Kaste Gandhis bildete eigentlich eine Unterkaste der Händler- und Geldverleiher-Kaste, die Familie war ihr aber in ihrer Funktion als Fürstenberater längst entwachsen.

Seit Jahrhunderten gliederte sich die indische Hindu-Gesellschaft in vier große Kasten bzw. *varnas* (»Farben«), die ihrerseits wiederum in zahllose Unterkasten zerfielen. Wir ersparen uns an dieser Stelle eine Erörterung der in der Wissenschaft umstrittenen Frage, inwiefern das Kastensystem etwas ursprünglich Indisches oder aber geradezu eine Erfindung der wechselnden europäischen Kolonialherren gewesen ist.

An der Spitze standen die *Brahmanen* (Priester), gefolgt von den *Kshatriyas* (Herrschern und Kriegern), den *Vaishyas* (Händlern) und schließlich den *Shudras* (Bauern und Handwerkern). Außerhalb der *varnas* lebten die Unberührbaren oder *dalits*, wie sie sich heute nennen, sowie die *adivasis*, die

Ich möchte mein Haus nicht von allen Seiten mit Wänden umgeben und die Fenster verstopfen. Ich möchte, dass die Luft aller Kulturen so frei wie möglich um mein Haus weht. Aber ich möchte nicht von anderen umgeweht werden. Ich möchte, dass unsere jungen Männer und Frauen so viel Englisch und andere Weltsprachen erlernen, wie sie Lust haben ... Ich möchte aber nicht, dass ein einziger Inder seine Muttersprache vergisst oder sich ihrer schämt, oder gar meint, er könne die besten Gedanken in seiner Landessprache nicht ausdrücken. Meine Lehre ist nicht die Religion eines Zuchthauses.

M. Gandhi in: Young India, 1. Juni 1921

früher vorwiegend in den Dschungeln lebenden Eingeborenen. Die Banias gehörten demnach zu den *Vaishyas*, und in Gujarat zählten sie zu einer höheren Teilkaste als in anderen Regionen Indiens.

Angesichts seiner Herkunft aus dem Milieu der Händler und Regierungsbeamten fällt auf, dass Gandhi sich in seinem politischen Leben vor allem zu den Bauern hingezogen gefühlt hat. Weder Brahmanen noch Bauern waren die Gandhis, sondern als ursprüngliche Banias erfreuten sich die männlichen Familienmitglieder einer bescheiden gehobenen Stellung am Fürstenhof. Während seines politischen Kampfes in den 1920er Jahren hat sich Gandhi in ideeller Hinsicht gern als Krieger bezeichnet, nicht gewalttätig zwar, aber doch entschlossen, den Briten unerschrocken entgegenzutreten. Er identifizierte sich weniger mit den Brahmanen, wohl weil er immer eher praktisch als philosophisch-theoretisch orientiert war. Auch konnte er kein Sanskrit, die Sprache der literarischen Hindu-Tradition, wie sie von den Brahmanen gepflegt wurde. Gandhi näherte sich dem Sanskrit und dessen zentralem Werk, dem Epos ›Bhagavadgita‹ als Autodidakt. Hinsichtlich der von ihm gewählten religiösen Tradition folgte er dem Muster des *sannyasi*, eines religiösen Bettlers, der allem entsagt, einschließlich Kaste und Konvention. Gleichwohl gehörten zum späteren »inneren Kreis« der Mitstreiter Gandhis auch Brahmanen wie J. Nehru, Prasad, Rajagopalachari und sein langjähriger Sekretär Mahadev Desai.

Ich behaupte einer der größten Kshatriyas von Hindustan zu sein … Ich bin ein echter Kshatriya, wenn ich mein Leben für die Verteidigung meiner selbst, meiner Frau und meines Landes aufgebe. Der körperlich schwächste Mann – und auch die Frau – kann in sich selber den Geist eines Kshatriyas kultivieren und zu seinem Feinde sagen, »hier stehe ich so fest wie ein Fels. Mach' das Schlimmste.«

Gandhi in einer Rede vom Oktober 1920, zitiert nach:
David Arnold, Gandhi, S. 23

Sein praktisches Wesen ließ Gandhi immer die Nähe zu den Shudras, den Bauern suchen, sie galten ihm als Verkörperung des Dienstes am Nächsten und der Wertschätzung körperlicher Arbeit. Diese Wertschätzung lernte er keineswegs von seiner Kaste, körperliche Arbeit war in Indien immer mit einem niedrigen Status verbunden. Gandhi bekümmerte das Los der Unberührbaren am unteren Ende der sozialen Hierarchie – so weit, dass er auch deren Arbeit, wie etwa das Toilettenreinigen, verrichtete. Dennoch: Gandhis soziale und kulturelle Wurzeln ruhten tief in der Bania-Kaste. Banias galten gemeinhin als intelligent, aber auch als gerissen und verschlagen, und im Volk waren sie oft als hartherzig und habgierig verschrien. Sie selbst sahen sich gern als fleißig, sachlich und sparsam. Man hat gelegentlich betont, dass Gandhi, bei aller Selbstverleugnung und allem Asketentum, ein vorzüglicher Geldeintreiber und penibler Treuhänder ihm anvertrauten Geldes war. Als dem bereits erwähnten Herbert Fischer im Sevagram-Ashram einmal seine Jacke samt Pass und einer eisernen Geldreserve ge-

Die ›**Bhagavadgita**‹ ist ein Gedicht von 700 Strophen und wird in achtzehn Gesänge unterteilt. Sie ist in dem Riesenepos ›Mahabharata‹ enthalten, das mit seinen hunderttausend Versen siebenmal so lang ist wie Homers ›Ilias‹ und ›Odyssee‹ zusammen. Das ›Mahabharata‹ berichtet von Menschen und Kriegern aus dem indischen Heldenzeitalter, als die Indoarier ins Land einwanderten. Was historisch ist, was mythologisch, lässt sich kaum noch unterscheiden. Eingefügt in den Gang der Handlung sind kleinere Erzählungen, Fabeln und theoretisch-philosophische Erörterungen, darunter eben die ›Bhagavadgita‹. Dieses Gedicht ist das Werk eines Verfassers und aus einem Guss, im 6. und 5. Jahrhundert v. Chr. entstanden. Es ist ein Gespräch zwischen Krishna und Arjuna. Krishna gilt als menschliche Verkörperung des höchsten Gottes, und Arjuna ist einer der Haupthelden des Pandu-Geschlechts, die mit den Kurus, ihren Vettern, im Kampf liegen.

Heimo Rau, Gandhi, S. 23

stohlen worden war, schämte er sich nach eigenem Bekunden zunächst, Gandhi mit der Geldangelegenheit zu behelligen. Endlich damit konfrontiert, entgegnete dieser, Geld sei durchaus sehr wichtig, es komme allerdings darauf an, was man damit anfange.

Bescheidenheit und Nüchternheit als Bania-Attribute passten wohl zu Gandhi, aber auch der Bania-Ruf der Frömmigkeit, religiöser Ergebenheit und Menschenliebe. Manche Kenner behaupten: Die raffinierte Mixtur aus Frömmigkeit und Philantropie habe als eine Art Lebensversicherung dieser Gemeinschaft aus Händlern und Geldverleihern gedient, mit der sie sich gegen nicht gerade seltene Angriffe von außen rückversicherte. Gandhis spätere Entschiedenheit, mit der er Konflikte aller Art zu lösen sowie durch eine Idee von Treuhänderschaft Harmonie zwischen Arm und Reich zu erzielen suchte, könnte ihren Ursprung in den vermittelnden Praktiken seiner Kaste haben.

Modh-Banias galten als eine konservative, tief religiöse

Interessanterweise finde ich trotz großer kultureller Unterschiede viele Parallelen in den Konzepten, die die Menschen über die äußere Welt überall auf der Welt im Kopf haben. Um es ein wenig amüsant zu machen: Die indische Götterwelt zum Beispiel funktioniert im Grunde so ähnlich wie der Vorstand eines großen Unternehmens. In der indischen Mythologie gibt es zum Beispiel den Gott Brahma (der Schöpfer), er ist so etwas wie der CEO der Götterwelt. Er ist zuständig für Zukunft, Kreativität, Innovation, Strategie. Dann gibt es Vishnu. Er ist der CFO, steht für materielles Wohlergehen. Shiva ist so etwas wie der COO. Normalerweise meditiert er und überwacht alles mit einem halb offenen Auge. Aber wenn er aktiv wird, bringt er Zerstörung. Sie kennen vielleicht das Bild mit den vielen Armen. Man könnte auch sagen: Wenn der COO tanzt, gibt es eine Restrukturierung. Natürlich macht sich Shiva nicht selbst die Hände schmutzig, er hat dafür seine Leute, wie COOs ja auch.
Arun Gairola (Unternehmensberater und Professor für Unternehmensführung in Deutschland) im Interview, in: Harvard Business Manager, Juni 2006, S. 62

Kaste, und man könnte sagen, dass Gandhi in dieser Hinsicht eine gewisse Ausnahme bildete. Äußeren Manifestationen traditioneller Hindufrömmigkeit, etwa Teilnahme an Wallfahrten und Prozessionen, vermochte er zeit seines Lebens wenig abzugewinnen. Während er sich einerseits über die »Ströme von Blut« anlässlich eines Schlachtopfers im Kali-Tempel von Kalkutta ereifern konnte, identifizierte er sich andererseits durchaus mit der hinduistischen Verehrung der Kuh als einem der volkstümlichsten Symbole des Hinduismus. Er zog ferner Kraft aus überlieferten Mythen und Legenden, vor allem aus dem Spiel ›Harishchandra‹, in dem der Held große Leiden für seine Treue zur Wahrheit auf sich nimmt, und er setzte zunehmend Gott mit »Wahrheit« gleich.

Gandhis reichlich eklektischer Hinduismus folgte insgesamt der *bhakti*-Tradition, die sich in Gujarat seit dem

Die Beschützung der Kuh ist für mich eine der wunderbarsten Erscheinungen in der Entwicklung der Menschheit. Sie führt den Menschen über die Grenzen seiner Art hinaus. Die Kuh bedeutet für mich die ganze untermenschliche Welt. Der Mensch wird durch die Kuh dazu geführt, sein Ein- und Gleichsein mit allem, was da lebt, anzuerkennen … Die Kuh ist ein Gedicht des Mitleids. Man liest Mitleid aus diesem sanften Tier. Sie ist die Mutter von Millionen indischer Menschen. Beschützung der Kuh bedeutet Beschützung der ganzen dumpfen Kreatur Gottes … Der Ruf der tieferen Schichten unserer Schöpfung ist umso zwingender, als er wortlos bleibt. Die Beschützung der Kuh bedeutet das Geschenk des Hinduismus an die Welt. Und der Hinduismus wird dauern, solange es Hindu gibt, die die Kuh beschützen … Es fällt mir ebenso schwer, meine Gefühle für den Hinduismus zu beschreiben wie meine Gefühle für meine Frau. Sie bewegt mich mehr als irgendeine Frau der Welt. Nicht, dass sie keine Fehler hätte. Ich wage zu sagen, dass sie deren viel mehr hat, als ich an ihr sehe. Aber das Gefühl einer unauflöslichen Verbindung ist da. Genauso fühle ich für den Hinduismus, ungeachtet aller seiner Fehler und Beschränktheiten.

M. Gandhi zitiert nach: Wilhelm E. Mühlmann, Mahatma Gandhi,
S. 93 f.

16. Jahrhundert entwickelt hatte. Sie legte besonderen Wert auf individuelle Hingabe vor allem an den Gott Vishnu sowie seine Inkarnationen Krishna und Rama. Sie verzichtete auf formale Elemente des Hinduismus wie brahmanische Priester, Sanskrit-Texte und ausgefeilte Rituale und war zumindest theoretisch offen für alle Kasten sowie Männer und Frauen gleichermaßen.

Gandhis Autobiografie enthält einige Angaben über seine Familie, mehr über den Vater als über die Mutter, mehr über die 1863 bzw. 1866 geborenen Brüder Laxmidas und Karsandas, weit weniger über die 1862 zur Welt gekommene Schwester Raliatbehn.

Mohandas war das jüngste Kind und als solches wurde er von der von ihm als heilige Figur beschriebenen Mutter Putlibai ordentlich verwöhnt, kurzum, er war Mutters Liebling. Putlibai lebte streng religiös, betete mehrmals täglich und gehörte zu der kleinen Pranami-Sekte, die heilige Hindutexte mit dem islamischen Koran zu verbinden suchte. Von der Mutter lernte Mohandas wahrscheinlich früh die Einhaltung strenger Diät- und Fastenvorschriften, die wiederum mit Putlibais Neigung zum Jainismus zusammenhing. Stark verbreitet in Gujarat, war diese religiöse Richtung bereits im 6. vorchristlichen Jahrhundert als Reformbewegung gegenüber dem Machtanspruch der Brahmanen entstanden. Mönchische Lebensweise und die rigorose Achtung allen organischen Lebens gemäß dem bedingungslosen Gebot von

Ich pflegte zu sagen ›Gott ist Wahrheit‹. Aber einige Menschen verleugnen Gott. Einige zwingt ihre Leidenschaft zur Wahrheit zu sagen, es gebe keinen Gott. Und auf ihre Weise haben sie Recht. Daher sage ich jetzt ›Wahrheit ist Gott‹. Niemand kann sagen ›Wahrheit gibt es nicht‹, ohne dieser Feststellung jegliche Richtigkeit zu entziehen. Deshalb ziehe ich es vor zu sagen ›Wahrheit ist Gott‹. Es hat mich 50 Jahre beharrlicher Meditation gekostet, um die andere Formulierung gegen diese zu tauschen.

M. Gandhi in einem Brief an Lanza del Vasto 1937, hier zitiert nach David Hardiman, Gandhi in His Time and Ours, S. 51

ahimsa (»Liebe«, »Nicht-Töten«) bestimmten das Leben der Jain. Es darf vermutet werden, dass der kleine Gandhi seine Totalabneigung gegen Alkohol, Drogen, Fleischgenuss und – später – auch Sexualität in nicht geringem Maße dem jainistischen Einfluss verdankte.

Gandhi profitierte sowohl vom *bhakti*-Hinduismus, dem Jainismus, dem Pranami-Glauben seiner Mutter und – anfänglich in sehr geringem Maße – vom Christentum, das er daheim zunächst nur in Gestalt ungeschickt missionierender Geistlicher kennengelernt hatte. In seiner Interpretation des Hinduismus standen Pflichterfüllung, Gewaltverzicht und Wahrheit im Mittelpunkt. Letztlich ging es ihm, darin wieder eins mit der Masse seiner hinduistischen Glaubensbrüder, um *moksha*, die Erlösung und religiöse Befreiung von allem irdischen Leiden. Man tut wohl gut daran, Gandhis späteres rastloses Eintreten für Frieden und Gerechtigkeit

Oh Bania! Niemand kennt deine Taten. Obwohl du kein Wasser trinkst, ohne es zu filtern und zu seihen (um kein Insekt zu töten), schlürfst du rücksichtslos das Blut deiner Kunden.
Sprichwort über die Doppelzüngigkeit der jainistischen Bania-Kaufleute
D. Hardiman, Gandhi in His Time and Ours, S. 58

Jain-Mönche sind auf den Straßen Indiens, besonders aber in Gujarat, keine ungewöhnliche Erscheinung. Sie dürfen nur zu Fuß gehen und keine anderen Fortbewegungsmittel benutzen. Nur bei Tageslicht ist ihnen das Wandern erlaubt, damit sie nicht in der Dunkelheit unwissentlich Tiere zertreten. Mit einem kleinen Besen, den sie ständig bei sich tragen, entfernen sie Insekten von ihrem Wege. Vor dem Mund tragen sie eine Binde, damit sie nicht irgendwelche Lebewesen durch das Einatmen gefährden. Diese weißgekleideten Gestalten sind die kompromisslosen Apostel der Gewaltlosigkeit. Die intensive Begegnung mit ihnen legte in der Seele des Kindes den Grund für die Formung des Ideals des *ahimsa*, das in Gandhis Gedankenwelt und Lebenspraxis die zentrale Stellung einnehmen sollte.
Heimo Rau, Gandhi, S. 16

3 Der Vater

nicht nur als Äußerungen grenzenloser Selbstlosigkeit zu interpretieren, sondern durchaus auch als Taten mit dem Ziel der Selbstverwirklichung innerhalb der Logik des hinduistischen *moksha*-Glaubens. Insofern ist Gandhis brennender Wunsch, »Gott von Angesicht zu Angesicht sehen« zu wollen sehr wörtlich zu nehmen, und sein Handeln diente eben auch diesem Ziel. Im Übrigen lehnte er nicht nur den farbenfrohen volkstümlichen Hinduismus ab, sondern in gleicher Weise auch jene militante Ausprägung des Hinduismus, die sich im 17. Jahrhundert im Kampf gegen die Moguln im westlichen und nördlichen Indien herausgebildet hatte und die besonders dem islamischen Bevölkerungselement Britisch-Indiens häufig feindlich gegenüberstand.

Seinem Vater Karamchand schreibt Gandhi gleichfalls große Bedeutung für seine Entwicklung zu, sowohl in dessen beruflicher Funktion als *diwan* wie auch als Familienvorstand. Religiös besaß er weniger Einfluss, sein Charakter wird als aufbrausend und sinnlichen Genüssen nicht abgeneigt geschildert. Gandhi beschreibt ihn als sexuell überaktiv für sein Alter von 40 Jahren. Doch könnte die vierte Eheschließung mit Putlibai – die anderen drei Ehefrauen waren schon verstorben – auch mit dem Zwang zur Zeugung

4 Die Mutter

eines männlichen Nachkommen zusammenhängen, der ihm bis dahin versagt geblieben war.

Traditionsgemäß und entsprechend den Bräuchen der Modh-Bania wurde Gandhi bereits im Alter von 13 Jahren mit einem gleichaltrigen Mädchen namens Kasturba verheiratet. Kasturba besaß keinerlei formale Bildung, aber sie war tapferer als ihr jugendlicher Ehegatte, der nach eigenem Zeugnis keine Nacht ohne Alpträume schlafen konnte, in denen ihm Geister und riesige Schlangen begegneten. Mohandas nicht unähnlich, konnte Kasturba ebenfalls dickschädlig und leidensfähig sein. In mancher Hinsicht, insbesondere mit Blick auf die Erziehung der eigenen Kinder, erwies sie sich als klüger und vor allem weitaus gefühlvoller. In seiner Autobiografie verurteilte Gandhi die Kinderehe sowohl aus physischen wie aus moralischen Gründen. Mit der Zeit hasste er seinen sexuellen Appetit auf seine Frau, vielleicht erklärbar durch die Todesumstände seines Vaters. Denn dieser verstarb in einem Nebenraum des ehelichen Schlafzimmers, in dem der sechzehnjährige Mohandas wieder einmal mit seiner bereits schwangeren Frau schlief. Nichts mehr für seinen sterbenden Vater getan zu haben – das scheint den jungen Gandhi schwer bedrückt zu haben, zumal das Neugeborene bald nach der Geburt starb. Einige Autoren leiten aus dieser Erfahrung den zeitweilig brennenden Wunsch des jungen Gandhi ab, Arzt werden, helfen, ja zum »Arzt Indiens« werden zu wollen (L. Fischer). Gandhis Sprache sei zunehmend mit Bildern aus der Welt der Medizin durchsetzt gewesen. Doch studierte er niemals Medizin, sein älterer Bruder Laxmidas verwarf die Idee mit dem Hinweis, dass

Auch ist eine Erfüllung der Gewaltlosigkeit ohne Zölibat unmöglich. Gewaltlosigkeit heißt: allgegenwärtige Liebe. Was bleibt aber einem Manne, der seine Liebe einer Frau geschenkt hat, für andere übrig? Das heißt doch mit andern Worten: erst wir beide, dann alle anderen. Wenn eine Frau ihre Pflicht nur darin sucht, ihrem Manne zu dienen, oder umgekehrt ein Mann gewillt ist, alles für seine Frau zu opfern, so ist klar, dass beide das Gebot der allgegenwärtigen Liebe nicht erfüllen können. Denn es ist ganz unmöglich, die ganze Welt in seine Familie mit einzubeziehen. Eben durch die Gründung einer Familie ist ja um die eigene Person ein Kreis gezogen. Und je größer dieser Kreis wird, desto größer die Behinderung in der Erfüllung der allgegenwärtigen Liebe. Diese Tatsache sehen wir in aller Welt. Darum kann jemand, der die Pflicht der Gewaltlosigkeit wirklich erfüllen will, nicht heiraten. Denn durch die Verehelichung wird jedes andere Wirken unmöglich gemacht. Wie steht es nun mit denen, die bereits verheiratet sind? Können sie niemals die Wahrheit finden? – Auch für sie gibt es einen Weg, und zwar den, dass ein Verheirateter lebt wie ein Unverheirateter. Das ist meiner Erfahrung nach das Beste, was es in dieser Hinsicht gibt. Wer es erlebt hat, kann es bezeugen. Heute kann man sagen, dass dieses Experiment möglich ist. Wenn Eheleute, Männer sowohl als Frauen, mitsammen (sic!) wie Bruder und Schwester leben, sind sie frei von allen Ketten. Jedes Weib in der Welt ist entweder Schwester, Mutter oder Tochter und jeder Mann Bruder, Vater oder Sohn. In dieser Anschauungsweise liegt die Befreiung der Welt, und weder Weib noch Mann kommen dabei zu kurz; im Gegenteil, dadurch wird der Begriff der Familie erweitert, die egoistische Liebe, befreit von der Fäulnis des Sexuellen, wächst und wandelt sich zur allgegenwärtigen Liebe zu allen.

M. Gandhi, Brief aus dem Yeravda-Gefängnis vom 14. August 1930, zitiert nach: Werner Zimmermann, Mahatma Gandhi, S. 91

Vaishnavas, die Anhänger Vishnus, niemals mit der Sezierung von Körpern zu tun haben sollten.

Möglicherweise gelangte Gandhi damals zu der Überzeugung, dass die Lust am Sex einer verantwortungsvollen Lebensführung im Wege stehe. Diese Vermutung speist sich aus seinem allerdings erst 20 Jahre später erfolgenden Schwur der umfassenden Enthaltsamkeit *(brahmacharya)*. Immerhin gebar ihm Kasturba vier Söhne: Harilal, Manilal, Ramdas und Devadas. Gandhis Aversion gegen Sexualität nahm erst in seinen mittleren Jahren zu, z. T. wohl in Folge seiner enormen Beanspruchung im öffentlichen Kampf für die Rechte der Inder in Südafrika. Wie andere indische Sozialreformer seiner Zeit auch, erkannte Gandhi in der Frühehe eine Ursache der physischen und moralischen Schwäche der Hindus, aber mit seinem *brahmacharya*-Gelöbnis blieb er doch ziemlich einsam radikal.

Gandhi bezeichnete sich selbst als grundlos eifersüchtig gegenüber seiner Frau und tyrannisch, als sie sich beharrlich weigerte, lesen zu lernen. Er habe von ihrer Hartnäckigkeit den passiven Widerstand gelernt. Nach David Arnold benutzte er Kasturba in seinen Schriften als bequemes Symbol, um gute und schlechte Seiten des Hinduismus aufzuzeigen, etwa in ihrer harten Haltung gegenüber seinem Kampf gegen die Unberührbarkeit.

Mohandas' Streitereien mit seiner Frau rührten zu einem nicht geringen Teil von seiner jugendlichen Freundschaft mit dem muslimischen Sheikh Mehtab her, der in Gandhis Autobiografie so etwas wie die ständige böse Versuchung personifiziert, obgleich Gandhi selbst behauptet, mit Mehtab Freundschaft geschlossen zu haben, um diesen zu »reformieren«. Entgegen den drakonischen Diätvorschriften seiner Familie rauchte er gemeinsam mit Mehtab heimlich gestohlene Zigaretten und aß Fleisch, von dem die beiden annahmen, dass sein Genuss hinter dem Geheimnis stehe, das die Briten den Indern kräftemäßig überlegen machte. Auch ein von Mehtab bezahlter Besuch in einem Bordell mag vielleicht pubertärem Aufbegehren gegen die strengen Konventionen der Familie geschuldet sein. Höchst dankbar gegenüber der »göttlichen Gnade«, der Prostituierten noch einmal entkommen zu sein, ohne seine Männlichkeit unter Beweis gestellt zu haben, verließ Mohandas kleinlaut den Ort des Nicht-Geschehens.

Folgt man Gandhis eigener Darstellung, stellte ein weiterer Diebstahl eine wichtige Episode seiner Jugendzeit dar. Um das heimlich verzehrte Fleisch bezahlen zu können, entwendete er ein wenig Gold von dem Armband seines Bruders. Von schweren Gewissensnöten gepeinigt – bereits die zuvor genannten Übeltaten hatten ihn zu einem Selbstmordversuch getrieben –, entschloss er sich, dem Vater gegenüber ein schriftliches Geständnis auf einem Zettel abzulegen. Als Konsequenz fürchtete er weniger harte Schläge, als den geliebten Vater voller Kummer zu erleben. Tatsächlich blieben die Hiebe aus, doch die väterlichen Tränen wegen des Geständnisses rührten Mohandas zutiefst. Immerhin: Der Vater vergab ihm, und die offensichtlichen Qualen des alten Mannes ließen den Jungen erstmals klar erkennen, was *ahimsa*, bedingungslose Liebe, bedeutete.

Erik H. Erikson, der mit ›Gandhis Wahrheit‹ die gründlichste psychologische Studie des großen Inders vorgelegt hat, verknüpft das Schicksal von Gandhis ältestem Sohn Harilal mit Sheikh Mehtab. Danach rührten Gandhis schwere Probleme mit seinem Erstgeborenen, der ein Trinker und Taugenichts wurde, seinen Namen änderte und zum Islam konvertierte, von einer Identifikation des Jungen mit eben jenem Mehtab, dem »gemordeten Selbst des ›heiligen‹ Vaters«, her.

Gandhis Jugendjahre bestanden natürlich nicht nur aus einem frühen Eheleben , das von allerlei Verfehlungen unterschiedlicher Art begleitet wurde. Durch die Heirat verloren er und sein gleichzeitig vermählter Bruder ein Jahr in der Alfred High School von Rajkot. Mohandas' Grundschulzeit war ohne besondere Vorkommnisse verlaufen, wie alle Kinder in seiner Heimat lernte er, das Gujarati-Alphabet mit den Fingern im Sand zu schreiben. In der anschließenden High

School galt der ausgesprochen schüchterne Junge als insgesamt mittelmäßiger Schüler mit guten Kenntnissen in Englisch, brauchbaren in Mathematik sowie schwachen in Erdkunde. Ihm wurden ferner eine sehr gute Führung sowie eine schlechte Handschrift attestiert. Sport sagte ihm nichts, stattdessen sah man ihn des öfteren auf einsamen Spaziergängen oder als Hilfe im Haushalt seiner Mutter. Im Jahre 1887 quälte er sich in Ahmedabad erfolgreich durch die Aufnahmeprüfungen für ein Studium am Samaldas College von Bhavnagar. Große Probleme bereiteten ihm hier die Vorlesungen auf Englisch, von seinem geliebten Gujarati hieß es mehr und mehr Abschied nehmen.

Inzwischen debattierte Mohandas' Familie über die berufliche Zukunft des jungen Mannes. Nach dem Tod des Vaters war ihre finanzielle Situation angespannt, dennoch fasste sie eine Position für ihn an einem Fürstenhof von Gujarat ins Auge. Nicht eben begeistert vom College in Bhavnagar, vernahm Mohandas mit Freude die Überlegung seiner Familie, ihn in England zum Anwalt ausbilden zu lassen. England – das war für ihn gleichbedeutend mit »einem Land der Philosophen und Dichter«, einfach das Herz der Zivilisation. Entschlossen wurden die Englandpläne in die Tat umgesetzt. Ein Bruder trieb fehlendes Geld auf, und der ängstlichen Mutter gegenüber legte Mohandas einen bedeutungsschweren Schwur ab: Fern der Heimat werde er weder Wein, Frauen noch Fleisch anrühren – ein Eid, dem sicherlich auch die mit dem gemeinsamen kleinen Sohn zurückbleibende Kasturba nicht widersprochen haben dürfte. Das war jedoch noch nicht alles. Die Kastenführer der Modh-Bania widersetzten sich strikt den Reiseplänen Mohandas', denn für einen frommen Hindu zieme es sich nicht, »über die schwarzen Wasser« nach England zu reisen, wo der junge Mann darüber hinaus seinen Glauben nicht werde praktizieren können. Doch der nahm den Ausschluss aus seiner Kaste in Kauf und schiffte sich Anfang September 1888 in Bombay via Southampton nach London ein.

Zeit der Suche in England

Viel ist darüber spekuliert worden, ob denn nun die Einflüsse seiner Kindheit und Jugendzeit oder aber die relativ kurze Zeitspanne seines Aufenthaltes in England den sich selber suchenden Gandhi entscheidend prägten. Wie auch immer: Als er Europa wieder verließ, war er keinesfalls zu westlichen Überzeugungen konvertiert, sondern er war mit westlichen Einsichten zu tieferer Überzeugung hinsichtlich seiner eigenen Traditionen gelangt. Es bedurfte sozusagen des Umwegs über England, um sein nachhaltiges Interesse für sein indisches Erbe zu wecken. James D. Hunt erkennt in dem Londoner Intermezzo Gandhis »eines der wirklich einschneidenden Erlebnisse seiner Karriere«. London bildete seine »Lehrzeit«, die sein intellektuelles Erwachen und »die Öffnung seines Geistes für spirituelle Fragen« bewirkten.

Man wird sich den Schock, den die britische Hauptstadt auf den aus dem ländlichen Gujarat kommenden Gandhi ausgeübt hat, kaum heftig genug vorstellen können. In der mit weit über fünf Millionen Einwohnern damals größten Stadt der Erde, »der stolzen Zitadelle« moderner Industrie und Macht, lernte der junge Inder aber auch erstmals die Klassengegensätze der englischen Gesellschaft kennen, etwas, was ihm angesichts der britischen Kolonialherrschaft in seiner Heimat verborgen geblieben sein dürfte. Gandhi freundete sich überwiegend mit Menschen der Mittelschicht an und suchte sich anfangs ein wenig krampfhaft ganz dem entsprechenden englischen Lebensstil anzupassen: Er kleidete sich europäisch, lernte Messer und Gabel zu beherrschen und bändigte vor dem Spiegel seine Frisur. Er belegte Kurse im Tanzen, in Rhetorik und sogar im Geigespielen – derlei Aktivitäten setzte jedoch alsbald sein schmaler Geldbeutel Grenzen. Sogar einen Flirt mit einem Mädchen räumt er ein, der dann aber rasch ein Ende fand, als er seine Ehe in Indien gestand.

Nichts berichtet Gandhi über Rassismus in London, vielleicht, weil es nur etwas mehr als 200 Inder in der Metropole gab, oder weil er zum Zeitpunkt der Abfassung seiner Autobiografie längst unter dem Eindruck des Rassismus in Südafrika stand, mit dem er sich jahrzehntelang auseinandergesetzt hatte. Gandhi war nach London gekommen, um die Rechte zu studieren, Anwalt in seiner Heimat zu werden und damit das Einkommen seiner Familie zu sichern. Eine besondere Leidenschaft für die Jurisprudenz hat er indes nie an den Tag gelegt, allerdings sollte sich das Studium später von beachtlichem Wert für seine politische Tätigkeit in Südafrika und in Indien erweisen.

Mit den armen Massen in den damaligen Londoner Elendsvierteln hatte Gandhi kaum Kontakt, auch scheinen ihn die sozialen Spannungen während der Wirtschaftskrise in den 1880er Jahren nicht sehr berührt zu haben, und Begegnungen mit Protagonisten der britischen Linken hat er in seiner Autobiografie nicht überliefert. Jedoch nahm er, wie andere Inder in England auch, an der Beisetzung des radikalen Unterhausabgeordneten Charles Bradlaugh im Januar 1890 teil, eines Atheisten und Verfechters der Rechte der Inder. Gemeinsam mit einem Landsmann besuchte er darüber hinaus den katholischen Kardinal Manning, der in einem Arbeitskampf der Londoner Dockarbeiter erfolgreich vermittelt und geholfen hatte, einen monatelangen Streik zu beenden. Ob das Beispiel Mannings Gandhi hinsichtlich seiner eigenen späteren Vermittlungen bei Streiks in Indien beeinflusst hat, ist mehr als fraglich, denn die Autobiografie gibt dafür, wie etwa Stanley Wolpert vermutet und einen gewissen christlichen Einfluss bei dem Gandhi jener Tage nahelegt, nichts her. Gleichwohl war dies für Gandhi eine Zeit intensiven Suchens nach geistlicher Verwurzelung. Er las die Bibel, verwarf alsbald das Alte und fand Gefallen am Neuen Testament, vertiefte sich in die Bergpredigt und machte diesen fundamentalen Text zu seinem geistigen Schatz.

Den bei weitem stärksten Einfluss übten auf Gandhi in England jedoch die Vegetarier und die Theosophen aus. Zu den Vegetariern fand der indische Student auf seiner verzweifelten Suche nach fleischloser Kost, die ihm sowohl seine Kaste als auch der Schwur gegenüber der Mutter abverlangte. Schließlich kannte er ein halbes Dutzend vegetarischer Restaurants in der britischen Metropole. Große Wirkung entfaltete Henry Salts Buch ›A Plea for Vegetarianism‹, nicht zuletzt wegen Salts Eintreten für den Schutz der Tiere.

Neben anderen Reformbewegungen war der Vegetarismus sozusagen trendy im England des späten 19. Jahrhunderts, und durch ihn schloss Gandhi Freundschaft mit einer Reihe recht exzentrischer Persönlichkeiten Londons. Als Mitglied des Exekutivkomitees der »Vegetarischen Gesell-

---

Wieviel und wie oft sollen wir essen?

… Überernährung führt sehr oft zu Ausschlägen im Gesicht und zu Blähungen. Die Ursache aller dieser Übel ist darin zu suchen, dass wir, um das Kind beim Namen zu nennen, unsern Magen in eine Latrine verwandelt haben und diese ständig mit uns herumtragen. Wenn wir die Sache ganz nüchtern prüfen, dann können wir nicht anders als uns selber verachten. Wer sich das Laster der Völlerei abgewöhnen will, der sollte sich geloben, mit Festen aller Art ein für allemal nichts mehr zu tun haben zu wollen. Natürlich sollen wir unsere Gäste bewirten, aber ohne dabei die Gesetze der Gesundheit zu verletzen. Fällt es uns denn je ein, unsere Freunde einzuladen, mit uns die Zähne zu putzen oder ein Glas Wasser zu trinken? Ist aber eine Mahlzeit nicht ebenso sehr eine Sache der Hygiene wie das Reinigen der Zähne? Warum denn sollten wir aus unsern Mahlzeiten so viel Wesens machen? Wir sind zu solchen Schlemmern herabgesunken, dass unsere Zunge ständig nach neuen Sensationen hungert. Wir betrachten es als unsere heilige Pflicht, unsre Gäste mit möglichst reichem Essen vollzustopfen in der Hoffnung, dass sie uns bei nächster Gelegenheit in demselben Stile bewirten werden. Wenn wir eine Stunde nach der Mahlzeit einen Freund, der etwas auf Reinlichkeit hält, aufforderten, an unserm Munde zu riechen, und er dann sagte, was er denkt, müssten wir unser Haupt in tiefer Scham verhüllen …

Mahatma Gandhi, Wegweiser zur Gesundheit, S. 69 f.

schaft« sammelte der ansonsten schüchterne Gandhi erste Erfahrungen mit organisatorischer Tätigkeit und öffentlichem Auftreten. Das Wochenblatt der Gesellschaft, ›The Vegetarian‹, bildete das Forum für frühe Veröffentlichungen Gandhis, in denen es um den indischen Vegetarismus ging – erste publizistische Gehversuche eines der bedeutendsten Journalisten des 20. Jahrhunderts, der er nebenbei auch noch werden sollte.

Henry Salt war ein Freund eines anderen prominenten Vegetariers: Edward Carpenter, dessen zivilisationskritisches Werk ›Civilisation: Its Cause and Cure‹ aus dem Jahre 1889 Gandhi bei der Abfassung eigener grundlegender Schriften stark beeinflusste.

Der Vegetarismus öffnete Gandhi den Weg zu Londons Mittelschicht-Briten, und er registrierte mit Begeisterung deren Feuereifer für das vegetarische Leben. Für ihn begann zugleich ein lebenslanges diätkundliches Experimentieren – auch so ist der Untertitel seiner Autobiografie ›Die Geschichte meiner Experimente mit der Wahrheit‹ zu verstehen.

Der zweite prägende Einfluss der Londoner Jahre Gandhis ging von den Theosophen aus. Im Jahre 1875 als Theosophische Gesellschaft von Helena Petrowna (»Madame«) Blavatsky in New York gegründet, versuchten die Theosophen erstmals im Westen einen Kult um östliche Religionen herum zu begründen, eine esoterische Mixtur aus Buddhismus, Hinduismus sowie einer gehörigen Prise Okkultismus. Die Londoner mittelschichtdominierten Theosophen orientierten sich stärker am Hinduismus. Gandhi hielt sich als Mitglied der Blavatsky-Loge im Jahre 1891 insgesamt eher am Rande dieser Gruppe. Ausgerechnet hier in England machte er erstmals Bekanntschaft mit dem berühmten Heldenepos seiner Heimat, der ›Bhagavadgita‹ (kurz: Gita), als die Theosophenbrüder Bertram und Archibald Keightley ihn baten, die englische Übersetzung des ursprünglichen Sanskrittextes, ›The Song Celestial‹ von Sir Edwin Arnold, zu prüfen. Beschämt sei er gewesen, räumt Gandhi ein, dass er erst in der Fremde diesen großen Text kennengelernt habe. Die Gita wie auch andere uralte Epen des Hinduismus, etwa das ›Ramayana‹, sollten für Gandhi fundamentale Quellen seiner Weltanschauung werden. Jedoch: Wenn Gandhi immer wieder betonte, dass *ahimsa* das zentrale Thema dieser Schriften sei, musste nicht jeder Inder diese Meinung teilen. Vinayak D. Savarkar, militanter Hindu-Nationalist, Präsident der nationalistischen Organisation Hindu Mahasabha von 1937 bis 1942 und lebenslanger geistiger Antipode Gandhis, vertrat mit Gleichgesinnten die Auffassung, *himsa* – vereinfacht: Gewalt – sei ihre zentrale Lehre. Aus den Reihen der Hindu Mahasabha sollte denn auch der Mörder Gandhis kommen.

Edwin Arnolds Buch ›The Light of Asia‹ machte ihn intensiver vertraut mit dem Leben und Werk Buddhas. Mit Arnold begegnete Gandhi ein führender Forscher, der über kulturelle Grenzen hinweg sein Wissen zu synthetisieren versuchte. Der Vegetarier, Theosoph und ehemalige Rektor des Deccan College in Poona wollte viktorianische Wissenschaft, Christentum und Buddhismus zusammenzuführen. Vielleicht, so der Gandhi-Biograf David Arnold, war es eher den theosophischen Einflüssen in London als seiner Jugenderfahrung im heimatlichen Kathiawar zu verdanken, dass Gandhi zunehmend davon überzeugt war, dass Religionen nicht streng voneinander getrennt betrachtet werden müssten, sondern letztlich eine gemeinsame Wahrheit teilten.

Die unmittelbare Wirkung der Theosophie auf ihn bestand jedoch in seiner intensiven Hinwendung zum Hinduismus. Vor allem das 1889 erschienene Werk Blavatskys, ›Key to Theosophy‹, regte sein Interesse an seiner eigenen Religion an und wappnete ihn gegen die Herablassung christlicher Missionare in Indien, wonach der Hinduismus voller Aberglaube stecke.

Doch ging es unter den Theosophen Londons nicht nur harmonisch zu. Eine von ihnen, die Irin Annie Besant, zeitweilig eine dominierende Gestalt, war zuvor bereits als Gewerkschafterin, Atheistin und Advokatin der Geburtenkontrolle hervorgetreten. Fast ein Vierteljahrhundert älter als Gandhi, war Annie Besant anfangs gut mit dem Inder ausgekommen, aber später kritisierte er ihren starken Hang zum Okkultismus, dem er nie viel abgewinnen konnte und rückte sie in die Nähe einer Scharlatanin. Sie sollte zu einer zeitweiligen politischen Rivalin Gandhis in Indien werden. Als ihr Tod 1933 die prekäre Beziehung zwischen den beiden Persönlichkeiten beendete, war Gandhis Flirt mit der Theosophie längst erloschen.

Mit einem Besuch der Weltausstellung in Paris im Jahre 1890 unternahm Gandhi seinen damals einzigen Ausflug auf den europäischen Kontinent. In seiner Autobiografie arbeitet er sich insbesondere am damaligen Symbol des technischen Fortschritts, dem Eiffelturm, ab. Während er sich respektvoll über die berühmten Kirchenbauten von Paris äußert, referiert er eine vernichtende Kritik Leo Tolstois am Eiffelturm, ohne sich von ihr zu distanzieren. »Tabak«, so habe Tolstoi gemeint, sei das Schlimmste aller Rauschmittel, er beneble den Verstand und lasse den Menschen Luftschlösser bauen, von denen gerade der Eiffelturm abschreckendes Zeugnis ablege. Und der Zivilisationskritiker Gandhi fügte hinzu, der Turm sei das Spielzeug der Weltausstellung, er

Annie Besant (1847–1933)
Kurzzeitig mit einem anglikanischen Pfarrer verheiratet, führte Besant ein überaus facettenreiches Leben. Sie verfocht rationalistische und atheistische Theorien, wurde Sozialistin und organisierte den ersten Frauenstreik in London. Über Jahrzehnte führte sie die Theosophische Gesellschaft in London und trug dadurch nicht wenig zur Verbreitung von Kenntnissen über Asien in England bei. Schließlich führten sie ihre Sympathien für den indischen Freiheitskampf auf den Subkontinent, wo sie es im Jahre 1917 zur Präsidentin des Indian National Congress von Kalkutta brachte. Mit Gandhi unterhielt sie während seiner Londoner Zeit ein freundschaftliches Verhältnis, das sich auf ihr beiderseitiges Interesse an der Theosophie gründete. In Indien selbst entzweiten sich die beiden dauerhaft.

fessle die Menschen wie Kinder und sei mithin ein guter Beweis dafür, dass »wir alle von Kinkerlitzchen geblendete Kinder« seien.

Nach bestandenem Anwaltsexamen und seiner Zulassung am High Court in London am 11. Juni 1891 verließ Gandhi nur einen Tag später an Bord der »S. S. Assam« England in Richtung Heimat, durchaus mit Bedauern, hatte er doch die angenehmen Seiten des britischen Mittelschichtlebens schätzen gelernt. Seine Zeit in London war für den jungen Gandhi eine Zeit der Suche, in der er außer nach seinem Examen vor allem nach religiöser Identität strebte. Er hatte sich in die Schriften des Christentums wie auch jene der großen östlichen Religionen vertieft, um am Ende als Hin- und Hergerissener zu seinen Wurzeln zurückzukehren.

Bei stürmischer See erreichte das Schiff den Hafen von Bombay. Ein Bruder Gandhis nahm den Heimkehrer in Empfang und ersparte ihm nicht die traurige Nachricht: Während seiner Abwesenheit war die Mutter gestorben, ein Verlust, der Mohandas noch mehr schmerzte als jener des Vaters Jahre zuvor. Aus Rücksicht hatte man ihm die Nachricht nicht in die Fremde mitteilen wollen.

In Bombay lernte Gandhi sehr bald den Philosophen und Juwelenhändler Raychandbai kennen, der ein entschiedener Anhänger des Jainismus war. Nach Gandhis eigenem Zeugnis haben nur wenige Menschen sein weiteres Leben so geprägt wie Raychandbai. Seine profunde Kenntnis der heiligen indischen Schriften, sein makelloser Charakter und »seine glühende Leidenschaft für Selbsterkenntnis« beeindruckten ihn außerordentlich. In langen religiösen Streitgesprächen mit Raychandbai dürfte sich Gandhi möglicherweise mehr vom Jainismus und dessen zentraler Lehre von der Gewaltlosigkeit angeeignet haben, als in seiner ebenfalls von dieser religiösen Gruppe mit geprägten Kindheit. Noch in seinen südafrikanischen Jahren, vor dem Tode Raychandbais im Jahre 1901, korrespondierte Gandhi mit ihm und holte sich gelegentlich Rat in persönlichen Krisensituationen. Kein anderer religiöser Lehrer, so Gandhi selber, sei ihm in seinem Leben der Rolle eines persönlichen Gurus so nahe gekommen: »Und doch konnte ich ihn trotz meiner Achtung nicht als meinen Guru in meinem Herzen inthronisieren. Der Thron ist leer geblieben, und meine Suche geht noch weiter«. Drei Zeitgenossen hätten, so Gandhi, »einen tiefen Eindruck in meinem Leben hinterlassen und mich für sich gewonnen: Raychandbai im lebendigen Umgang; Tolstoi durch sein Buch ›Das Reich Gottes ist in euch‹ und Ruskin durch seine Schrift ›Unto This Last‹«. Von den beiden Letzteren wird noch die Rede sein.

Die herausragende Bedeutung Raychandbais für die geistige Entwicklung des mittlerweile 22-Jährigen geht im Übrigen aus zwei Textstellen in Gandhis Autobiografie hervor, deren Zusammenhang bislang nach Auffassung des Verfassers nicht recht erkannt worden ist. So schreibt Gandhi: »Raychandbhais kommerzielle Transaktionen gingen in die Hunderttausende. Er war ein Experte für Perlen und Edelsteine. Kein vertracktes Geschäftsproblem war für ihn zu schwierig. Doch all das war nicht der Punkt, um den sich sein Leben drehte. Dieser Mittelpunkt war das heiße Verlangen, Gott von Angesicht zu Angesicht zu schauen.« In der wichtigen Einleitung zu seiner Autobiografie greift er exakt die letztgenannten Worte auf, um dann über sich selber zu sagen: »Was ich erreichen möchte – was zu erreichen ich diese dreißig Jahre hindurch erstrebt und ersehnt habe –, ist Selbsterkenntnis, Gott von Angesicht zu Angesicht zu schauen, Mokscha (sic!) zu erlangen. In der Verfolgung dieses Zieles lebe ich, bewege ich mich und bin ich. Alles, was ich tue, indem ich rede und schreibe, und alle meine Wagnisse auf politischem Gebiet sind auf dieses Ziel ausgerichtet.«

Auf dem Boden der harten indischen Realitäten fand Gandhi jedoch nicht nur Zeit, religiöse Gespräche zu führen, sondern er hatte sich um seine Familie und den Einstieg in das Berufsleben zu kümmern. Sein Bruder hatte für die Finanzierung des England-Aufenthaltes Sorge getragen, entsprechend hoch gespannt waren die Erwartungen auf eine

baldige Amortisierung dieses Unternehmens. Zähneknir-
schend fügte sich Mohandas nach seiner Rückkehr einem
rituellen Reinigungsbad, wodurch er die Wiederaufnahme
in seine Kaste erwirkte.

Doch seiner Familie präsentierte er sich erst einmal als
überzeugter Anhänger europäischer Sitten und britischer
Esskultur: Haferflocken, Kakao und weißes Brot bestimmten
für einige Zeit den Speiseplan der Gandhis, europäische
Kleidung hielt Einzug in die Garderobe. Gandhis Ehefrau
Kasturba wird – bei aller Freude über den Heimgekehrten –
den frischen Wind mit gemischten Gefühlen verspürt haben,
zumal sie sich beharrlich weigerte, von ihrem Mann Englisch beigebracht zu bekommen. Die Spannungen zwischen
den Eheleuten erhöhten sich angesichts Mohandas' unbe-
gründeter Eifersucht, die ihn sogar einmal dazu brachte, seine Frau aus ihrem gemeinsamen Haus in Rajkot zu ihren
Eltern nach Porbandar zu verweisen. Überhaupt Rajkot: Die
kleinlichen Intrigen in der überschaubaren Stadt gingen dem
neuen Weltbürger aus London nun auf die Nerven, und die
Tatsache, dass er wegen fehlender Kenntnisse des indischen
Rechtes hier beruflich nicht ankam, steigerte zweifellos seine
Frustration. Auf den Rat seiner Familie hin ging er erneut
nach Bombay, um am dortigen High Court Mandanten zu
akquirieren. Aber im Gegensatz zu seinem späteren politischen Weggefährten und Rivalen, dem Muslimführer Jinnah, der just zu dieser Zeit mit seiner brillanten Rhetorik das
Gericht in Bombay tief beeindruckte, brachte Gandhi vor
lauter Schüchternheit bei seinen seltenen öffentlichen Auftritten kaum ein Wort hervor.

Wieder zurück in Rajkot, erlebte der Gedemütigte alsbald
eine weitere böse Schlappe. Sir Edward Charles Ollivant re-
sidierte zu jener Zeit als Vertreter der britischen Krone bei
den Fürstenhöfen von Rajkot und Porbandar, und der Zufall
hatte es gewollt, dass Gandhi ihm in England kurz begegnet
war. Gandhis älterer Bruder Laxmidas wusste davon und
suchte seinen Nutzen daraus zu ziehen. Er bat Mohandas,
bei dem Briten ein gutes Wort für ihn in einer unappetit-

lichen Affäre einzulegen. Gegen Laxmidas lief ein Gerichtsverfahren mit der Beschuldigung, er sei auf irgendeine Weise
in das Verschwinden von Juwelen bei Hofe verwickelt. Obwohl Mohandas ahnte, dass seines Bruders Weste womöglich nicht ganz blütenrein war, suchte er Ollivant zu einer
Unterredung auf. Ollivant ignorierte das Ansinnen, kompli-
mentierte den jungen Anwalt recht unsanft aus seinem Büro
und reagierte schließlich nicht weniger barsch auf ein Pro-
testschreiben Gandhis. Der zufällig gerade in Rajkot wei-
lende, renommierte Anwalt Sir Pherozeshah Mehta riet Mohandas, die Sache »wegzustecken«, worin dieser sich auch
fügte, jedoch nicht ohne sich zu schwören, nie wieder in eine
ähnliche Lage zu geraten.

Kathiawar war eben nicht England, und die Folge dieser
Episode war vor allem, dass Ghandis liebevoll gepflegtes
Bild von England und den englischen Manieren einen ersten
kräftigen Kratzer erhielt. Oder in seinen eigenen Worten:
»Dieser Schock änderte den Gang meines Lebens.«

Beruflich erfolglos, persönlich gedemütigt und das Familienleben nicht eben harmonisch – Gandhi befand sich in
einer beachtlichen Lebenskrise. Doch Krisen können be-
kanntlich auch eine Wendung zum Guten nehmen: Während
er in der Anwaltskanzlei seines Bruders in Rajkot mit der
Formulierung von Bittschriften beschäftigt wurde, ging dort
ein Auftrag der in Porbandar ansässigen Firma Dada Abdulla & Co. ein. In Südafrika sei ein Rechtsstreit mit einer anderen Firma zu regeln. Gandhi griff zu, und dieser Griff war
zweifellos schicksalhaft, denn er sollte alles im Leben des
jungen Mannes ändern. Im April 1893 reiste er von Bombay
über den Indischen Ozean ins ferne Südafrika ab.

Zeit der Reife in Südafrika

Fraglos kommt den mehr als 20 Jahren, die Gandhi mit kurzen Unterbrechungen in Südafrika verbrachte, eine herausragende Bedeutung für seinen Lebensweg zu.

In Südafrika gelang es ihm, seine indischen Wurzeln mit westlichen Einflüssen zu verschmelzen, hier begann er seine politische Aktivität und experimentierte erstmals mit gewaltlosem Protest, und hier versuchte er sich physisch und geistig zu »entkolonisieren«.

Im Gegensatz zu seiner Jugendzeit und den kurzen Jahren in England ist viel über Gandhis südafrikanische Zeit geschrieben worden, der Biograf ist zunehmend weniger auf seines Helden Selbstdarstellung angewiesen. Die wachsende Zahl an Schriften über Gandhi bringt es im Übrigen auch mit sich, dass mitunter erste kritische Töne über sein Wirken vernehmbar werden.

Gandhi fand sich in Südafrika in einer politisch komplizierten Situation wieder. Sein Handeln vollzog sich sozusagen in einem Dreiecksverhältnis: Es hatte sowohl den weißen Herrschern Südafrikas als auch der dort dominierenden britischen Kolonialmacht Rechnung zu tragen, und auch seine indische Heimat spielte eine nicht unwichtige Rolle.

Seit 1860 waren Inder in größerer Zahl nach Südafrika gekommen, vor allem als Konsequenz der Abschaffung der Sklaverei in England im Jahre 1834 sowie wegen der verbreiteten Weigerung der heimischen Zulus, Plantagenarbeit zu leisten. Als Vertragsarbeiter kamen die Inder auf die Zuckerrohrplantagen der britischen Kolonie Natal im südöstlichen Südafrika. Zur Zeit der Ankunft Gandhis lebten in Natal rund 41 000 Inder und damit geringfügig weniger als die 47 000 Köpfe umfassende Gruppe der Weißen, jedoch machten die Inder nur weniger als 10 Prozent der Schwarzen Natals aus. Als Händler gelangten ferner rund 11 000 Inder nach Transvaal, sodass im Jahre 1910, als die Südafrikanische

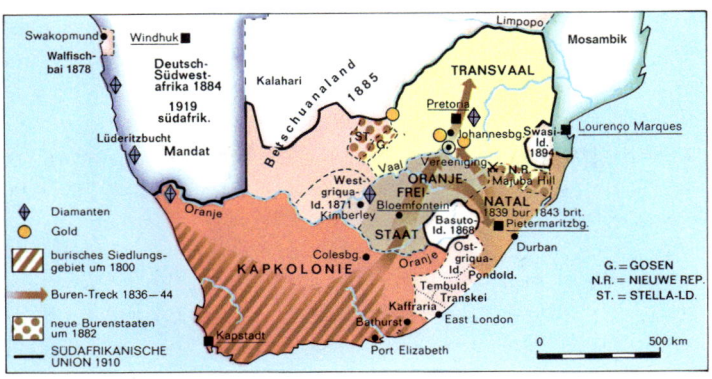

5 Südafrika im 19./20. Jahrhundert

Union unter britischer Oberhoheit ins Leben gerufen wurde,
die Inder knapp zwei Prozent der südafrikanischen Gesamt-
bevölkerung bildeten – eine recht überschaubare, zugleich
jedoch unübersehbare Minderheit.

Als sogenannte Kulis konnten die indischen Vertrags-
arbeiter zunächst nur befristet nach Südafrika kommen. Die
Laufzeit der Verträge war anfangs auf drei Jahre begrenzt,
dann war eine Verlängerung um weitere zwei Jahre möglich.
Anschließend waren sie frei und konnten selbst entschei-
den, wohin sie gehen wollten. Die wenigsten kehrten in ihre
Heimat zurück, viele blieben in Natal, einige erwarben klei-
ne Grundstücke, arbeiteten als Diener oder Hausierer. Seit
Beginn des 20. Jahrhunderts schufteten Inder auch in den
Kohlegruben Natals.

Unter den Plantagenarbeitern gab es neben einer christlichen Minderheit ganz überwiegend Hindus, die der untersten Kaste oder den Massen der Unberührbaren entstammten. Wenige kamen aus Gandhis Heimat Gujarat, die große
Mehrheit stammte aus dem südöstlichen Indien, zumeist
Tamilen und Telugu. Eine Minderheit bildeten die Parsen
aus dem westlichen Indien.

Südafrika befand sich zur Zeit der Ankunft Gandhis in
einer Phase großer Umwälzungen. Dazu trugen die Gold-

und Diamantenfunde ebenso bei wie der durch sie hervorgerufene rasante Aufstieg Johannesburgs zur einzigen Wirtschaftsmetropole Afrikas. Der brutal geführte Südafrikanische Krieg (»Burenkrieg«) von 1899 bis 1902, in dem sich Briten und die holländischstämmigen Afrikaaner (»Buren«) gegenüberstanden, zerriss die weiße Herrenschicht des Landes, ehe es im Jahre 1910 mit der Gründung der Union zu einer Versöhnung auf Kosten aller nichtweißen Bevölkerungsteile Südafrikas kam. Die Zulus wagten 1906 einen letzten organisierten Aufstand gegen die Briten, der schließlich mit aller Härte niedergeschlagen wurde.

Seit Mitte der 1870er Jahre gelangten neben den Plantagenarbeitern auch muslimische Händler aus Gujarat nach Natal, die sich insbesondere in und um die Hafenstadt Durban niederließen. Aus ihren Reihen stammte auch jene Firma aus Porbandar, die Gandhi wegen eines Rechtsstreites im Wert von 40 000 Pfund nach Südafrika entsandt hatte. Die indischen Muslime wurden von den Weißen bald als lästige Konkurrenz empfunden, ja, die Europäer stuften sie beinahe als noch geringer als die Schwarzen ein, waren sie doch ganz offensichtlich Eindringlinge mit völlig anderen Sitten und Gebräuchen. Inder galten allesamt als Kulis oder »swamis« – letzteres eigentlich ein ehrenvoller Beiname bei den Tamilen, von den Weißen jedoch durchweg abwertend gebraucht. Um sich von den dunkelhäutigen, oft den untersten Kasten

Dem gewöhnlichen Kuli ... und seiner Familie kann nicht die enge Gemeinschaft mit uns und unseren Familien gestattet werden. Er wird aus den gleichen Gründen importiert wie Esel aus Montevideo, Ochsen aus Madagaskar oder zuckerverarbeitende Maschinen aus Glasgow. Der Grund, weshalb er hergebracht wird, ist Arbeit zu liefern und damit hat es sich. Er ist keiner von uns, er ist in jeder Hinsicht ein Fremder; er kommt nur um eine bestimmte Menge Arbeit abzuliefern und dann nach Indien zurückzukehren.
Aus der Zeitung ›Natal Witness‹, zitiert nach: The Reader's Digest Illustrated History of South Africa – the Real Story, S. 224

entstammenden Plantagenarbeitern zu unterscheiden, nannten sich die Gujarati-Händler selber »Araber« und die Parsen »Perser«. Man erkennt: Gandhis spätere Aktivität zugunsten seiner Landsleute in Südafrika hatte mit nicht geringer innerindischer Vielfalt zu rechnen.

Selbst die städtischen Inder wurden von den Weißen mangelnder Hygiene und als Verursacher von Krankheiten beschuldigt, zu einer Zeit, als Cholera, Pest und andere tödliche Krankheiten den entstehenden Moloch Johannesburg heimsuchten. Der ›Rhodesia Herald‹ griff in einem Artikel des Jahres 1898 die Ängste vieler Weißer auf, als er sämtliche Inder als »schmutzig« beschrieb und behauptete, ihre unsauberen Gewohnheiten könnten »zu jeder Zeit den Samen tödlicher Epidemien« legen. Forderungen wurden laut, die Inder von den allgemeinen Durchgangswegen der Städte auszusperren und sie ggf. aus sanitären Gründen in besonderen Wohnbezirken unterzubringen. Manche Autoren vermuten daher, dass die spätere südafrikanische Rassenpolitik der Apartheid ihre Wurzeln hier in Natal hatte, selbst wenn sie sich dann in besonderer Weise gegen die schwarze Bevölkerungsmehrheit des Landes richtete.

Gandhi war besonders erzürnt über diese pauschale Diskriminierung, entdeckte er doch gerade mit wachsendem Stolz seine indischen Wurzeln. Bereits wenige Wochen nach seiner Ankunft antwortete er im September 1893 in einem Leserbrief auf einen Kommentar des ›Natal Advertiser‹: »Es scheint, … dass ihre Schlichtheit, ihr völliger Verzicht auf Rauschmittel, ihr friedliches und vor allem ihr Geschäftsleben sowie ihre genügsamen Sitten, welche eigentlich eine Empfehlung sein sollten, die eigentlichen Ursachen für all diese Verachtung und diesen Hass gegenüber dem armen indischen Händler sind … Ist das christlich, Fair Play, ist das Gerechtigkeit, ist das Zivilisation?« Gesundheit und Krankheit, Zivilisation und Beinahe-Barbarismus waren nicht die einzigen Probleme, die Europäer und Inder trennten. War in Indien die formelle Gleichstellung der Inder mit den Briten als gemeinsame Angehörige des Empire durch eine Erklärung Königin Viktorias aus dem Jahre 1858 wenigstens in die Wege geleitet worden, fand Gandhi in Südafrika, dass die Inder dort – obgleich ebenfalls Mitglieder des Empire – in vielerlei Hinsicht diskriminiert wurden. Doch, und in etwa analog zu seiner ablehnenden Haltung gegenüber der Unberührbarkeit im Rahmen des indischen Kastensystems, glaubte er lange Zeit, dass der weiße Rassismus ein schlimmer Auswuchs eines an sich guten Systems sei. Zeit seines Wirkens für die Inder im britisch dominierten Südafrika war es sein Ziel, die Anerkennung seiner Landsleute durch die Weißen auf Augenhöhe zu erreichen.

Auf dem Wege zur Lösung des ihm übertragenen Rechtsfalles vor dem Gericht in Pretoria widerfuhren Gandhi innerhalb kurzer Zeit einschneidende Erlebnisse, die allein erklären können, dass quasi im Handumdrehen aus einem schüchternen und verklemmten Anwalt ein politischer Führer besonderer Klasse wurde.

Noch in Durban und vor seiner Abreise nach Norden in die Hauptstadt Transvaals wohnte Gandhi einer Gerichtsverhandlung bei, die er jedoch umgehend verließ, als man ihn aufforderte, seinen Turban abzunehmen. In seiner Autobiografie widmet Gandhi diesem Zwischenfall beträchtlichen Raum, und seine Auslassungen reflektieren weniger sein Gekränktsein als ein stilles Vergnügen darüber, dass die von ihm in der örtlichen Presse entfachte Debatte über das Turbantragen bei Gericht »für mich Reklame in Südafrika« gemacht habe.

Cineastisch verewigt in dem berühmten Gandhi-Film von Richard Attenborough aus dem Jahre 1982 ist jener weit heftiger wirkende Rauswurf Gandhis aus dem Zug von Durban nach Pretoria. Er besaß zwar ein Ticket erster Klasse für die Fahrt, doch die südafrikanischen Gepflogenheiten sahen die Reise eines Nichtweißen in dieser Klasse nicht vor. Nächtens frierend auf dem Bahnhof von Pietermaritzburg – die Hauptstadt Natals widmete Gandhi Jahrzehnte später ein Denkmal in der Fußgängerzone – hatte Gandhi Zeit in sich zu gehen, zu grübeln, sich für die vorzeitige Rückkehr nach

Indien oder die Weiterreise nach Pretoria zu entscheiden. Rückkehr war gleichbedeutend mit Feigheit, also setzte er die Fahrt am nächsten Abend mit dem Zug bis Charlestown fort, wo die Passagiere in Postkutschen umsteigen mussten, da die Eisenbahnstrecke damals noch nicht weiter gebaut war. Hier aber setzte sich Gandhis Ungemach fort, als er um einen ihm zustehenden Platz in der Kutsche im Wortsinne kämpfen musste. Indische Geschäftsleute, denen er auf diesem beschwerlichen Weg nach Pretoria begegnete, rieten ihm abermals, die Dinge »wegzustecken«, sie seien das gewöhnt, ändern könne man ohnehin nichts. Indem Gandhi sich diesmal jedoch nicht abfand, sollte er das Schicksal der Inder Südafrikas in neue Bahnen lenken.

Nach seinem eigenen Bekunden erwies sich Gandhis erstes Jahr in Südafrika für ihn als eine außerordentliche Lebenserfahrung. Zu seinem wachsenden Selbstbewusstsein dürfte beigetragen haben, dass es ihm gelang, den ihm übertragenen Rechtsstreit für seinen Mandanten erfolgreich mittels eines Vergleiches abzuschließen und den Gläubiger und Auftraggeber Dada Abdulla sogar davon zu überzeugen, Ratenzahlungen des Schuldners zu akzeptieren, um dessen Bankrott zu verhindern. Vielleicht auch ein wenig gefärbt durch den zeitlichen Abstand von rund 30 Jahren und seinen mittlerweile entstandenen Ruhm schrieb Gandhi über diesen Abschluss euphorisch: »Meine Freude war grenzenlos. Ich hatte gelernt, die bessere Seite der menschlichen Natur zu entdecken und zum Herzen der Menschen vorzudringen. Ich begriff, dass die wahre Funktion eines Anwalts darin bestand, die zerstrittenen Parteien zu einigen. Diese Lehre wurde mir so unauslöschlich eingebrannt, dass ich in den zwanzig Jahren meiner Anwaltspraxis einen großen Teil meiner Zeit darauf verwandte, in Hunderten von Fällen private Kompromisse zu erzielen. Ich verlor nichts dabei, nicht einmal Geld und ganz gewiss nicht meine Seele.«

In Pretoria erhielt Gandhi Gelegenheit zu seiner ersten öffentlichen Ansprache. Ausgerechnet der Prozessgegner Dada Abdullas, Tyeb Haji Khan, fand Gefallen an dem jungen Anwalt und lud ihn ein, vor den führenden indischen Geschäftsleuten Transvaals eine Rede zu halten. Gandhi sprach über seine Erfahrungen mit der Rassendiskriminierung in Südafrika und ermahnte seine Zuhörer zur Ehrlichkeit im Geschäft, zu mehr Anstrengungen im hygienischen Leben der indischen Gemeinde und zur Aufgabe von überkommenen religiösen und Kastenunterschieden. Letztere schwächten nur die Inder Südafrikas in ihrem Kampf um Gleichberechtigung mit den Weißen. Abschließend regte er die Gründung einer Vereinigung an, welche die indischen Interessen gegenüber den Behörden vertreten sollte. Gandhi hinterließ einen günstigen Eindruck bei seinen Zuhörern, und so begann Schritt für Schritt seine Karriere als »Agitator und Verhandler« für die Sache der Inder. Er arbeitete in den nächsten Jahren vor allem mit Petitionen und publizistischen Auftritten in den Zeitungen des Landes, wodurch sein Name allmählich auch in der englischsprachigen Welt außerhalb Südafrikas bekannt wurde.

Neben seinem publizistischen Wirken zu Gunsten der Inder und seiner Tätigkeit als Anwalt focht Gandhi in seiner frühen südafrikanischen Zeit außerdem noch beachtliche religiöse Kämpfe mit sich selber aus. »Religiöse Gärung« nannte er das. Ausgangspunkt waren recht penetrante Versuche des Abdulla-Anwalts in Pretoria, A. W. Bakers, Gandhi zum Christentum zu bekehren. Geduldig wohnte Gandhi einer mehrtägigen christlichen Versammlung bei und zeigte sich auch nicht völlig unbeeindruckt. Allein seine Vernunft sperrte sich der zentralen Glaubensvorstellung, wonach Jesus Gottes Sohn sei. Auch von muslimischer Seite wurde Gandhi umworben, man bat ihn, den Koran und andere Schriften zu lesen. Weit davon entfernt, den Hinduismus als die einzig wahre Religion zu sehen – insbesondere die Unberührbarkeit stieß ihn ab –, diskutierte Gandhi sein inneres religiöses Ringen in Korrespondenzen mit Autoritäten außerhalb Südafrikas. Insbesondere der Briefwechsel mit Raychandbai in Bombay bis zu dessen Tod scheint Gandhi dann mehr und mehr im Hinduismus verankert zu haben.

Das Buch hingegen, das ihn in seiner frühen südafrikanischen Phase am stärksten fasziniert hat, war Leo Tolstois ›Das Reich Gottes ist in euch‹. Es machte, so Gandhi, »einen unauslöschlichen Eindruck auf mich. Vor der Unabhängigkeit des Denkens, der tiefen Moralität und der Wahrhaftigkeit dieses Buches« schienen andere Bücher »zur Bedeutungslosigkeit zu verblassen«. Bis kurz vor des großen Russen Tod im Jahre 1910 unterhielten Gandhi und Tolstoi einen lockeren Briefwechsel.

Den geschäftlichen Auftrag erfolgreich erledigt, die Saat des politischen Kampfes ausgebracht und religiös auf dem Wege zu einem leidlich überzeugten Hindu, bildete Gandhi im April 1894 den gesellschaftlichen Mittelpunkt einer Abschiedsparty, die Abdulla angesichts der bevorstehenden Heimkehr seines Rechtsbeistandes nach Indien gab. Dabei fiel Gandhis Blick auf eine Zeitungsmeldung, der zufolge das Parlament von Natal eine Wahlrechtsänderung zu beschließen gedachte. Von wenigen Ausnahmen abgesehen, sollten Inder künftig nicht mehr wählen dürfen. Wenn dieses Vorhaben Gesetzeskraft erlange, so Gandhi vor den versammelten Partygästen, werde das der »erste Nagel zu unserem Sarg« sein. Er ließ sich überreden, noch einen Monat in Südafrika zu bleiben, um mittels Petitionen gegen das kommende Gesetz zu agitieren. Aus dem Monat wurden Jahre.

In den nächsten Wochen verbrachte er Tage und Nächte damit, dem Parlament und verantwortlichen Politikern die Ungerechtigkeit der Gesetzesvorlage zu verdeutlichen. Im Juni 1894 schrieb er, dass die indische Nation schon lange vor den »angelsächsischen Rassen« Wahlen gekannt hätten, jede Kaste habe in jedem indischen Dorf oder jeder Stadt Repräsentanten gewählt. Gandhi zog eine Fülle von Quellen heran, um die Bedeutung der alten indischen Kultur zu untermauern. Von dem deutschstämmigen und während des 19. Jahrhunderts in Cambridge lehrenden Indologen Max Müller zitierte er dessen berühmte Lobrede: »Sollte mich jemand fragen, unter welchem Himmel der menschliche Geist seine erlesensten Fähigkeiten entwickelt habe, würde ich auf Indien zeigen.«

Gandhi erwartete keineswegs, dass das Parlament alsbald unter seinem Wirken einknicken würde, er richtete sich auf einen langen, zähen Kampf ein. Nach dem Vorbild des 1885 in seiner Heimat gegründeten Indian National Congress (INC, kurz: Kongress) betrieb er die Schaffung eines Natal Indian Congress. Die Organisation sollte Eintracht und Harmonie zwischen den Indern und Europäern in der Kolonie fördern sowie die indische Heimat über das Los der Landsleute im südlichen Afrika informieren. Im August 1894 wurde der Nataler Kongress formell gegründet, nachdem im Mai bereits 76 Honoratioren vorwiegend muslimischer Provenienz einen entsprechenden Beschluss gefasst und Gandhi als künftigen Sekretär bestellt hatten.

Die Argumentation der Bittschriften Gandhis erhielt nun eine zusätzliche Pointe, indem der Autor, etwa gegenüber dem Premierminister Natals, Sir John Robinson, mit Nachdruck darauf hinwies, dass »Angelsachsen und die indischen Rassen gleicher Abstammung« seien. In dieser Zeit bemühte sich Gandhi zuweilen krampfhaft darum, die Gruppe der Inder in Südafrika von den gleichfalls unterdrückten Schwarzen scharf abzugrenzen und die Gleichrangigkeit »seiner Inder« mit den Europäern zu beschwören. Den wissenschaftlichen Hintergrund dieser Argumentation bildete die linguistische Forschung des 19. Jahrhunderts, die u. a. die Verwandtschaft indisch-vedischer mit den meisten europäischen Sprachen herausgearbeitet hatte. »Max Müller … und eine Reihe anderer Autoren zeigen einstimmig …, dass beide Rassen derselben indo-europäischen arischen Herkunft entsprungen sind.«

Neben der Wahldiskriminierung plante das Parlament Natals die Einführung einer Art Bleibesteuer in Höhe von 25 Pfund für all diejenigen Inder, die nach Ablauf ihrer Arbeitsverträge in der Kolonie bleiben wollten. Es handelte sich dabei um das Mehrfache eines Jahreseinkommens dieser Vertragsarbeiter, sodass offensichtlich war, dass die Steuer nur ihre Herausdrängung aus Natal bezweckte. Der unermüdlichen Agitation Gandhis und seines Kongresses war es schließlich zu verdanken, dass die Steuer auf drei Pfund gesenkt wurde. Zwanzig weitere Jahre sollte ihre völlige Abschaffung auf sich warten lassen.

Gandhis Privatleben spielte sich vorerst in einem Anwesen ab, das in den besseren Wohnbezirken Durbans lag und einen herrlichen Blick über den Hafen bot. Auch wenn seine anwaltliche Tätigkeit hinter der politischen zurückstand, vermochten er und seine Familie durchaus auskömmlich zu leben. Allerdings musste er erst einmal – und erneut recht publikumswirksam – seine Zulassung als Nichtweißer bei der Anwaltskammer durchsetzen, was ihm nur mittels eines Spruches des zuständigen Gerichtshofes gelang. Spitzeneinkünfte in seiner gesamten südafrikanischen Zeit lagen bei etwa 5000 Pfund jährlich. Befremdlich wirkt in der Rückschau ein wenig, dass er zunächst nicht seine Familie nachziehen ließ, sondern seinen alten Jugendfreund Sheikh Mehtab, der ihn doch in so mancherlei Versuchung geführt hatte. Die Episode mit Mehtab währte indes nicht lange, Gandhi zeigte sich über ein Intrigenspiel Mehtabs in seinem Haus enttäuscht und warf ihn postwendend hinaus, als er den Freund mit einer Prostituierten im Bett erwischte.

Dann endlich, Mitte 1896, schiffte sich Gandhi auf der S.S. »Pongola« in Richtung Kalkutta ein, um seine Familie nach Südafrika nachzuholen. Von Kalkutta reiste er quer durch den indischen Subkontinent und wurde daheim in Rajkot von der Beulenpest überrascht. Umstandslos stellte er seine Hilfe bei Sanitärarbeiten der Gemeinde zur Verfügung und war sich auch nicht zu schade, selbst die Latrinen zu reinigen. Während die Armen nichts gegen notwendige hygienische Kontrollen einzuwenden gehabt hätten, zierten sich die »oberen Zehntausend«, notierte er. In Rajkot pflegte er auch seinen sterbenden Schwager rund um die Uhr. Derartige rastlose Aktivitäten ihres Mannes irritierten Kasturba nicht wenig, doch Gandhi stellte dazu fest, man müsse solche Arbeiten in freudigem Geist verrichten oder lieber gar nicht.

Unmittelbar nach dem Tod seines Schwagers brach Gandhi nach Bombay auf, wo er die Führer des INC über die Lage ihrer Landsleute in Natal und Transvaal aufklärte. Weiter ging die Reise südwärts nach Poona. Hier begegnete er erstmals Bal Gangadhar (»Lokamanya«, d. h. »dem vom Volk Verehrten«) Tilak, dem legendären Anführer des radikalen Flügels des INC. Tilak sagte Gandhi seine grundsätzliche Unterstützung für den Kampf in Südafrika zu. Mit Gopal Krishna Gokhale stand Gandhi in Poona (heute Pune) der zweite wichtige Vertreter des INC zu Gesprächen zur Verfügung. Gokhale galt als Anführer des gemäßigten Flügels, und er machte auf Gandhi einen noch stärkeren Eindruck als Tilak. Er nannte Gokhale später seinen »politischen Guru«, und wenn ihm Tilak wie ein dunkler »Ozean« erschienen sei, so Gokhale wie der heilige Fluss Ganges, in dem »man ein erfrischendes Bad nehmen« könne.

In Madras und andernorts verteilte Gandhi Hunderte Exemplare einer von ihm verfassten Schrift, die wegen ihres Einbandes nur »Green Pamphlet« genannt wurde und in der er die Diskriminierung der Inder in Natal anprangerte. Die Nachrichtenagentur Reuters und zahlreiche Zeitungen berichteten bis nach Europa darüber, was Gandhi noch in besonderer Weise zu spüren bekommen sollte. Noch vor Jahresfrist, Ende November 1896, bestieg er zusammen mit sei-

Bal Gangadhar Tilak (1856–1920)

Als gebürtiger Brahmane setzte sich Tilak für das indische Erziehungswesen ein. Im Jahre 1890 trennte er sich von den »Moderaten« im Kongress um Gokhale und galt seither als »Extremist«. Als Gründer verschiedener Publikationen und Organisator hinduistischer Festivals trat er der britischen Herrschaft entgegen und musste 1897 seine Inhaftierung in Kauf nehmen, nachdem er seine Duldung der Tötung eines britischen Beamten hatte erkennen lassen. Als Anführer der nationalistischen »Extremisten« internierten ihn die Briten von 1908 bis 1914 in Burma (heute Myanmar). Nach seiner Rückkehr beteiligte sich Tilak am Aufbau der indischen Home Rule Liga.

ner Frau, dem achtjährigen Harilal, dem vierjährigen Manilal sowie dem neunjährigen Sohn seiner verwitweten Schwester den Dampfer »Courland«, um von Bombay nach Durban zu fahren. Etwa zeitgleich verließ die »Nadjeri« Bombay, ebenfalls mit Kurs Durban. Zusammen beförderten die Schiffe etwa 800 Inder. Die »Courland« gehörte Dada Abdulla und natürlich reisten die Gandhis kostenlos. Gandhi schildert in seiner Autobiografie freimütig, wie er noch an Bord versuchte, seiner Familie wenigstens teilweise europäische Ess- und Kleidungssitten beizubringen. Angesichts seiner »Herrenrolle« gegenüber seiner Frau hatten sie und die Kinder »keine andere Wahl«, als sich seinen Anordnungen zu fügen.

Die achtzehntägige Reise endete im Hafen von Durban mit einer bösen Überraschung: Mit der Begründung, die Passagiere könnten sich in Bombay an der dort ausgebrochenen Pest infiziert haben, stellten die Behörden die Schiffe unter mehrtägige Quarantäne, d.h., die Passagiere durften nicht von Bord. Gandhi vermutete sofort, dass in Wahrheit die Einwanderung der Inder nach Natal und Transvaal verhindert werden sollte – eine Folge der verzerrten Berichterstattung über das »Grüne Pamphlet«. Über Dada Abdulla in der Stadt hielt sich Gandhi darüber informiert, was vor sich ging und dass es Massenproteste von Weißen gegen die Landung der Inder gab. Kaum hatte die Familie Gandhi nach Aufhebung der Quarantäne den Fuß auf südafrikanischen Boden gesetzt, sah sie sich heftigen körperlichen Attacken des wei-

---

Gopal Krishna Gokhale (1866–1915)

Gokhale stammte aus einer brahmanischen Familie, wurde in Bombay ausgebildet und ging anschließend als Lehrer nach Poona. Im Jahre 1899 wurde er in den Legislativrat der Provinz Bombay und 1902 in den Imperialen Legislativrat gewählt. Er vertrat ein Programm des sogenannten moderaten politischen Aktivismus mit dem Ziel einer indischen Verfassungsreform. Im Jahre 1905 gründete er die Servants of India Society, um Sozialreformen zu fördern.

ßen Mobs ausgesetzt. Gandhi wurde beinahe gelyncht, als zufällig die Frau des Durbaner Polizeiinspektors des Weges kam und spontan mit ihrem Sonnenschirm Wurfgeschosse von dem Bedrängten fernhielt. Mit List und Tücke, aber auch mit der Hilfe des Polizeiinspektors gelang es der Familie Gandhi mit knapper Not, in Sicherheit zu kommen. Der Vorfall schlug Wellen bis nach London, wo sich der verantwortliche Kolonialstaatssekretär Chamberlain erbot, die namentlich bekannten Rädelsführer einer gerechten Strafe zuzuführen. Es mehrte den wachsenden Ruhm Gandhis in Südafrika nicht unerheblich, dass er großmütig auf eine Strafverfolgung verzichtete.

Der 1899 ausbrechende Südafrikanische Krieg, in dem es um die Vorherrschaft der Briten oder der Afrikaaner in ganz Südafrika ging, stellte Gandhi auf eine schwere Probe. Wie sollten sich die Inder Südafrikas in diesem Konflikt verhalten? Eine Mehrheit unter ihnen sympathisierte mit den Afrikaanern, denn, so das Argument, diese würden von den Briten ähnlich unterdrückt wie sie selber. Gandhi hielt dagegen. Als Untertanen der Krone sei es die Pflicht der Inder, den be-

Was seine politischen Ansichten anging, erschienen sie mir alle falsch zu sein … Zwar ging er nicht so weit zu sagen, dass die britische Herrschaft in Indien eine göttliche Fügung sei, aber er war überzeugt, dass unter dem Strich die britischen Aktivitäten in Indien zum Wohle Indiens seien. Diese Ansicht schien mir weder durch die Geschichte noch durch die aktuellen Tatsachen gerechtfertigt. Aber trotz meiner Jugend ärgerte ich mich keinesfalls über Gandhijis Fehlinterpretation von Tatsachen, den historischen wie den aktuellen. Was mich aufwühlte, war der Charakter des Mannes. Ganz klar erkannte ich, dass er meinte, was er sagte, und dass er zu einer Sache stand, wenn er deren Richtigkeit erkannt hatte und sie weiter verfolgte, koste, was es wolle. Er sorgte auch dafür, dass sein persönliches Verhalten mit dem übereinstimmte, das er vor anderen an den Tag legte.

Prof. J. B. Kripalani, Präsident des INC im Jahre 1947, über seine ersten Begegnungen mit Gandhi 1915, in: Incidents of Gandhiji's Life, S. 121 f.

drängten Briten in der Not zur Seite zu stehen, er sah in der Hilfe eine »goldene Gelegenheit«, Freiheit und Wohlergehen für die Inder im Rahmen des Empire zu gewinnen. In ähnlicher Weise sollte er Jahre später in vergleichbaren Situationen argumentieren. Dabei war Gandhi durchaus der Meinung, dass der Südafrikanische Krieg britisch-imperialistische Wurzeln hatte, das Objekt der Begierde Gold und Diamanten waren, das Recht hingegen auf Seiten der Afrikaaner lag. Aber, so Gandhi in einer mit Blick auf die kommenden Diktaturen des 20. Jahrhunderts bemerkenswerten Wendung: Jeder einzelne Untertan eines Staates dürfe nicht in jedem Fall seine eigene Meinung durchsetzen. Es möge zwar sein, dass die Machthaber nicht immer im Recht seien, doch solange die Untertanen dem Staate angehörten, sei es ihre klare Pflicht, dem Staat ihre Unterstützung zu gewähren.

In dem rund drei Jahre dauernden Gemetzel zwischen Briten und Afrikaanern erwarb sich Gandhi mit einem indischen Ambulanzkorps hohe Verdienste an vorderster Front, wofür er am Ende die Kaiser-i-Hind-Medaille erhielt. Aus der Feder des Herausgebers der ›Pretoria News‹ stammt eine stimmungsvolle Miniatur vom Schlachtfeld bei Spioonkop: »Nach einer Nacht voller Arbeit, die weit stärkere Naturen zutiefst erschüttert hätte, begegnete ich Gandhi am frühen Morgen am Wegesrand, als er gerade einen Keks zu sich nahm. Jedermann in (General) Bullers Einheit war kaputt und niedergeschlagen und alles und jedes wurde von Herzen verflucht. Aber Gandhi zeigte gelassen Haltung, war fröhlich und zuversichtlich in seinem Gespräch und hatte einen gütigen Blick.«

Da sein Ambulanzkorps noch vor dem Kriegsende (1902) aufgelöst wurde, beschloss Gandhi 1901 mit seiner Familie – im Jahre 1900 war noch der vierte Sohn Devadas geboren worden – nach Indien zurückzukehren, um vielleicht im dortigen Kongress an der Seite seines Idols Gokhale arbeiten zu können.

Vor der Abreise lieferte er noch einen Beweis für seine

6 Gandhi (Mitte) mit seinem Ambulanzkorps während des »Burenkriegs«
1899/1900

Härte auch der Ehefrau gegenüber, wenn er sie für geboten
hielt. Über die Jahre hatte Gandhi für seine Arbeit zu Gunsten der Inder zahlreiche wertvolle Geschenke erhalten, die er
nun in eine Stiftung einzubringen gedachte. Kasturba hatte
persönlich ein wertvolles Goldhalsband geschenkt bekommen, das sie nach Indien mitnehmen wollte. Es gelang ihm
schließlich, ihr »irgendwie« die Zustimmung »abzupres-
sen«, und die Kette landete ebenfalls in der Stiftung.

Gandhi nahm im Dezember an der Jahrestagung des INC
in Kalkutta teil und fand sich alsbald einigermaßen desillusioniert. Faulheit warf er den Delegierten angesichts der
brennenden Probleme Indiens vor, und die sorgfältig ge-
pflegten Vorurteile der unterschiedlichen Kastenangehöri-
gen gegeneinander widerten ihn an, insbesondere aber die
Behandlung der Unberührbaren. Am meisten schockierte
ihn der allgegenwärtige Dreck auf dem Versammlungsge-
lände, für dessen Beseitigung sich niemand zuständig
fühlte. Beinahe unnötig zu erwähnen, dass Gandhi selber
zum Besen griff, um wenigstens die Latrinen seines eigenen

Bereiches zu säubern. Bei aller Bewunderung für Gokhale missfiel Gandhi doch dessen geradezu fürstliches Auftreten während der Versammlung. Im Gegenzug begann er selber in diesem Winter 1901/02 seinen eigenen, später legendären Reisestil in Indien zu finden, den er erst 1918/19 aus Gesundheitsgründen wieder aufgeben musste: Er reiste in der dritten Eisenbahnklasse gemeinsam mit den Armen, einerseits um ihre Lebensumstände intensiver studieren zu können, andererseits um Geld zu sparen. Auch hier schockierten ihn der Schmutz und Unrat in den Abteilen, die von den Reisenden, so Gandhis Beobachtung, in einen einzigen Spucknapf verwandelt würden.

Beruflich suchte Gandhi zu dieser Zeit seine Zukunft zunächst in Rajkot, dann erneut in Bombay, wo er sich mit seiner Familie niederließ. Der Beginn einer Karriere entweder am örtlichen Obergericht oder aber an der Seite Gokhales in der Politik ließ auf sich warten. Mitten in diesen ihm nicht ganz unvertrauten Schwebezustand platzte ein Telegramm aus Südafrika, das ihn im Namen Abdullas aufforderte, nach Durban zu kommen. Nach dem für England siegreichen Ende des Krieges gegen die Afrikaaner beabsichtigte Kolonialstaatssekretär Chamberlain nach Südafrika zu reisen, um dort die politische Lage zu sondieren. Gandhis Aufgabe sollte nun darin bestehen, die Interessen der Inder im Lande mit Nachdruck zu vertreten. Zunächst ohne seine Frau und seine Söhne, aber mit ein paar jungen Verwandten, brach Gandhi alsbald nach Durban auf. Zwar fiel ihm der Abschied von seiner Familie schwer, doch andererseits bot die solchermaßen erzwungene Trennung von seiner Frau Gelegenheit, die sexuelle Enthaltsamkeit ernsthaft zu erproben.

Zurück in einem Südafrika, das nun völlig unter britischer Kontrolle stand, nahm vor allem die muslimisch geprägte Kaufmannschaft der Gujaratis vom Schlage Dada Abdullas Gandhis Dienste in Anspruch und ersuchte ihn, der neuen, britischen Regierung in Transvaal die Stimmen der Inder energisch zu Gehör zu bringen. Zweifellos vertrat Gandhi in seinen südafrikanischen Jahren auffallend deutlich die Inte-

ressen der indischen Eliten, was ihm gelegentlich zum Vorwurf gemacht worden ist. Gleichwohl stellte er sein anwalt-
liches Können gerade auch den ärmsten Tamilen unter den
Plantagenarbeitern zur Verfügung, wodurch er sich in diesen Schichten einen guten Ruf erwarb.

Gandhi musste bei seiner Rückkehr feststellen, dass die
neuen Herren im Lande keineswegs gewillt waren, ihren indischen Untertanen mehr entgegen zu kommen als zuvor
die Afrikaaner etwa in Transvaal. Im Gegenteil: Früher
mochte es zwar sehr wohl diskriminierende Gesetzgebung
seitens der Afrikaaner gegeben haben, häufig wurde diese
aber eher lax gehandhabt. Die Briten hingegen formalisier-
ten die Rassenunterschiede sehr bald, indem sie in Transvaal
eine eigene Regierungsabteilung für »Asiatische Angelegenheiten« schufen. Gandhi erkannte in dieser Maßnahme sofort ein wirksames Instrument zur Unterdrückung der Inder
und protestierte entsprechend. Neu war auch, dass er für
die Fahrt von Natal nach Transvaal – dort, in Johannesburg
und Pretoria vermutete er seinen künftigen Agitations-
schwerpunkt – eine Reiseerlaubnis brauchte, die er nur auf

(Gandhiji) war immer der Diener. Bei den zahlreichen Banketts
und Empfängen, die von Zeit zu Zeit für prominente Besucher
oder Förderer der Sache gegeben wurden, war Gandhijis Rolle
unabänderlich jene des Knechtes, des Küchenhelfers, des Kell-
ners für die Gäste, niemals in der ersten Reihe, niemals das Ram-
penlicht suchend, dabei identifizierte er sich immer mit den Geringsten, den Gedemütigten, so wie er es heute mit den Harijans
tut. Wenn jemals irgend jemand das Wort »Diener« geadelt und
wahrhaftig interpretiert hat, so war er es ... Was mich betrifft,
kann meine eigene Schuld gegenüber Gandhiji niemals be-
glichen werden. Das Verhältnis von uns Geringeren ihm gegenüber ist vielleicht niemals besser formuliert worden als von dem
verstorbenen Hermann Kallenbach. Er war es gewohnt, Gandhiji mit »Oberhaus« anzureden und sich selber als »Unterhaus«
zu bezeichnen.
L. W. Ritch, His Days in South Africa, in: Incidents of Gandhiji's Life,
S. 291

verschlungenen Pfaden erwirken konnte. In Johannesburg
ließ er sich beim Obersten Gericht von Transvaal registrieren
und eröffnete eine Kanzlei inmitten der boomenden Gold-
stadt. Darüber hinaus begann er eine rege publizistische
Tätigkeit für die Sache der Inder. Ähnlich wie 1894 in Natal
gründete er eine »Transvaal British Indian Association« und
richtete unzählige Petitionen, Briefe und Dokumente an
Lord Milner, den britischen Gouverneur in Transvaal, ferner
an Persönlichkeiten in England sowie an sein Vorbild Gokhale in Indien. Tenor seiner Schriften war immer das Behar-
ren darauf, dass die Inder als Untertanen der Krone mit den
Weißen in Südafrika gleichgestellt werden müssten. Im Juni
1904 brachte er seine erste Zeitung heraus: Die ›Indian Opinion‹ beschwor gleich in Gandhis erstem Leitartikel, dass
die indische Gemeinschaft und die »große angelsächsische
Rasse« in Südafrika zum Wohle eines »einzigen mächtigen
Empire« zusammenstehen müssten.

Um diese Zeit scheint Gandhi zu dem Schluss gekommen
zu sein, dass er zumindest die nächsten Jahre seines Lebens
völlig dem Schicksal seiner Landsleute in Südafrika widmen
müsse. Das aber bedeutete: Abschied von jeglichem Privatleben, all seine Sorge galt künftig seiner weitaus größeren
»Familie«, nämlich der indischen Volksgruppe. In diesen
Zusammenhang passt, dass Gandhi Ende 1903 in Briefen ins
heimatliche Rajkot seine Frau Kasturba mehr oder weniger
unverblümt bat, doch bitte die nächsten Jahre dort zu bleiben. Ein normales Familienleben störte ihn offensichtlich bei
der Verfolgung größerer Ziele. Doch wie ursprünglich ver-
abredet und entgegen den schlecht getarnten Wünschen
ihres Mannes, traf sie ein Jahr nach ihrer Trennung in Südafrika ein.

Gandhi übte sich zu dieser Zeit auch in ersten wuchtigen
Formulierungen über den Sinn des Lebens. In ›Indian Opinion‹ schrieb er etwa, Opferbereitschaft sei das »Gesetz des
Lebens«. Die Situation der Inder in Transvaal verglich er
hinsichtlich ihrer Leidensbereitschaft mit Jesus am Kreuz
und der Heiligen Johanna von Orleans. Immerhin: Gandhi

7 Kasturba
Gandhi mit
den vier
Söhnen, 1913

wusste sehr wohl, dass die schwersten Opfer nicht selten
auch im wohlverstandenen Eigeninteresse dargebracht werden.

Ganz praktisch machte sich Gandhi unter den Indern
Transvaals einen hervorragenden Namen, als er nach dem
Ausbruch der Beulenpest in den indischen Slumvierteln von
Johannesburg die Behörden auf die unmöglichen hygienischen Zustände hinwies. Bevor die Hütten von den Beamten
niedergebrannt wurden, buddelten die dort hausenden Inder ihr weniges Geld und Schmuck aus der Erde, die ihnen
als eine Art Safe gedient hatte. Sie händigten die Wertsachen
Gandhi aus, dieser sterilisierte und deponierte sie in seiner
eigenen Bank und zahlte ihnen in den nächsten Jahren den
exakten Wert in einer Gesamthöhe von 60 000 Pfund wieder
zurück.

Mit seinen recht beachtlichen Einnahmen als Anwalt war
es Gandhi zunächst problemlos möglich gewesen, die ›Indian Opinion‹ herauszubringen. Dann entschied er sich je-

doch, die Herstellung auch aus Kostengründen nach Durban zu verlegen. In einer denkwürdigen Nachtfahrt mit dem Zug von Johannesburg nach Durban las er das Buch von John Ruskin, ›Unto This Last‹, in einem durch. Es war ihm vor der Abreise von seinem engen Mitarbeiter Henry S. L. Polak mitgegeben worden. Wie ein Blitz schlug die Botschaft Ruskins bei Gandhi ein: Körperliche Arbeit sei gleichwertig mit geistiger, mit Sozialreformen müsse den Übeln des modernen Industriezeitalters entgegengewirkt, die Entwürdigung des Menschen im Maschinenzeitalter bekämpft werden. Ruskins Ideen verschmolzen bei Gandhi mit jenen, die er Jahre zuvor bei Tolstoi gefunden hatte sowie mit seinen intensiven Studien der ›Bhagavadgita‹ und der Bergpredigt. Ablehnung von Industrialismus und Militarismus, Bejahung eines wie auch immer begründeten Pazifismus – dies wurden nun zunehmend die geistigen Fixpunkte, die Gandhis praktisches Handeln leiteten. Tolstoi konnte indes mit Gandhis Patriotismus zu Gunsten der Inder in Südafrika wenig anfangen. Ruskin scheint Gandhis Kurs in ganz besonderer Weise verändert zu haben: In seiner Interpretation Ruskins war das Gute im Individuum im Guten aller Menschen enthalten. Er entnahm Ruskins Werk die Liebe zur Natur, zu einer einfachen Lebensführung und die Wertschätzung körperlicher Landarbeit. Ein weiterer wichtiger Einfluss in diesen entscheidenden Jahren entsprang der Schrift ›Civil Disobedience‹ des Amerikaners Henry Thoreau. Aus ihr zog Gandhi u. a. den Schluss, dass ein aufrichtiger Mensch verpflichtet sei, ungerechten Gesetzen zu widerstehen. In ihm festigte sich die Überzeugung, dass das Leben in selbstloser Aktion für den Nächsten gegeben werden müsse und dass die beste Methode, Unrecht zu beseitigen im gewaltlosen Protest sowie bereitwilligen Leiden anstelle der Unterwerfung unter Ungerechtigkeit bestehe.

Wahrscheinlich unter der Wirkung von ›Unto This Last‹ begann Gandhi im Dezember 1904 erstmals mit einem eigenen Experiment gemeinschaftlichen Lebens. Gut 20 km außerhalb Durbans gründete er eine spirituelle Gemeinde mit dem Namen »Phoenix«, für die vielleicht auch ein Trappistenkloster in der Nähe von Pinetown Pate gestanden haben mag, das Gandhi bereits zehn Jahre zuvor besucht hatte. Ashram wollte er die Wohnsiedlung zunächst nicht nennen, weil der Begriff zu eindeutig hinduistischer Natur war. Mehrere Familien, Freunde und Bekannte zogen hier zusammen, bauten ihre Unterkünfte selbst und begannen ein bescheidenes, selbstgenügsames Farmleben, in dessen Mittelpunkt die Herstellung von ›Indian Opinion‹ stand. Insbesondere Gandhis Cousin Maganlal erwies sich als verlässlicher Treuhänder in »Phoenix«, wenn Gandhi in Johannesburg die politischen Geschicke der Inder in Transvaal zu beeinflussen suchte.

Er verstand sich immer noch als loyaler Untertan seiner Königlichen Majestät von England. Als im April 1906 die Bambata-Revolte – auch Zulu-Aufstand genannt – gegen die Kolonialregierung von Natal losbrach, reagierte er wie schon Jahre zuvor im Südafrikanischen Krieg: Er beschwor seine indischen Landsleute, den Briten zur Seite zu stehen, weil sie die Garanten ihrer Existenz in Natal seien. Erneut stellte er ein Ambulanzkorps auf, das ausschließlich mit der Aufgabe betraut war, verwundete Zulus zu pflegen. In diesem Zusammenhang finden sich in Gandhis Autobiografie so ziemlich die einzigen mitfühlenden Worte für die schwarze Bevölkerung Südafrikas, aber auch hier tauchen sie eher am Rande auf und dienen bei genauerem Hinsehen dem Verfasser dazu, den Leser mit einer der folgenreichsten Entscheidungen seines Lebens vertraut zu machen. »Ins Grübeln« sei er gekommen angesichts der entvölkerten Landschaften Zululands, und das Ergebnis bestand nach reiflichem innerem Ringen darin, dass Gandhi den Brahmacharya-Eid ablegte. In erster Linie bedeutete der Schwur, dass Gandhi von nun ab sexuell völlig enthaltsam leben würde. Nach seinem Verständnis umfasste *brahmacharya* jedoch weitaus mehr: Es meinte ein Leben des persönlichen Nichtbesitzes, die strenge Beachtung bestimmter Ernährungsregeln – rohes Gemüse, getrocknetes Obst, Säfte und Nüsse bestimmten fortan im Wesentlichen seinen Speiseplan –, der psychischen und physischen Selbstdisziplin, der Kontrolle über die Leidenschaften und die Umlenkung der eigenen Lebensenergien zum Wohle anderer und Dienst für die Wahrheit. Nicht eben bescheiden, entschied sich Gandhi mit dem Eid für den Dienst an »der Menschheit« und gegen die »Freuden des Familienlebens«. Gandhi teilte seinen Entschluss Kasturba mit, von der keine Einwände überliefert sind.

Hatte Gandhi gehofft, dass der Einsatz der Inder auf Seiten der Briten gegen die Zulus politische Früchte in Gestalt einer Gleichberechtigung tragen würde, sah er sich getäuscht. Winston Churchill, zu jener Zeit Kolonialunterstaatssekretär, verweigerte den Indern nach wie vor das Wahlrecht in Südafrika mit dem Argument, sie seien Nichtweiße und damit ungeeignet für politische Teilhabe an der Macht.

Als ein äußeres Hilfsmittel für *brahmacharya* ist Fasten so nötig wie Auswahl und Mäßigung bei der Ernährung. Die Sinne sind derart überwältigend, dass sie nur dann unter Kontrolle gehalten werden können, wenn sie von allen Seiten, von oben und von unten eingezäunt werden. Es ist allgemein bekannt, dass sie ohne Nahrungszufuhr machtlos sind, und deshalb ist, woran ich nicht zweifle, Fasten sehr nützlich, wenn es zur Zügelung der Sinne unternommen wird. Bei manchen ist Fasten wertlos, weil sie in der Meinung, mechanisches Fasten werde sie immun machen, zwar ihren Körper ohne Nahrung lassen, ihren Geist aber mit allerlei Leckerbissen füttern, indem sie beständig daran denken, was sie essen und trinken werden, sobald das Fasten beendet ist. Solches Fasten hilft ihnen weder den Gaumen noch die Lust zu bezähmen. Fasten ist nützlich, wenn der Geist mit dem hungernden Körper zusammenwirkt, das heißt, wenn er einen Abscheu gegen die Dinge, die dem Körper verweigert werden, entwickelt. Alle Sinnlichkeit wurzelt im Geiste. Fasten hat daher einen begrenzten Wert, denn ein fastender Mensch kann weiterhin von Leidenschaft beherrscht sein. Es kann jedoch gesagt werden, dass das Erlöschen der geschlechtlichen Begierde in der Regel unmöglich ist ohne Fasten, das man als unentbehrlich für die Befolgung von *brahmacharya* bezeichnen kann.

M. Gandhi, Eine Autobiografie, S. 251

8 Gandhi in
Südafrika, 1908

Im Jahre 1906 fand sich Gandhi in politische Schwierigkeiten verstrickt, als die Regierung Transvaals unter Federführung des zuständigen Ministers Jan C. Smuts daran ging, ein Gesetz zu verabschieden, das die indische Einwanderung stark einschränken und wohl letztlich die Abschiebung der Inder aus dieser Kolonie beabsichtigte. Smuts, der im Zweiten Weltkrieg ein hochangesehener Premierminister Südafrikas werden sollte, stand den Indern besonders misstrauisch gegenüber, er argwöhnte, in ihrer Heimat hätten die bitterarmen indischen Massen Südafrika als zukünftigen indischen »Lebensraum« ins Visier genommen. Von ihm ist der Spruch gegenüber einem jungen Parteimitglied überliefert: »Mein Sohn, pass auf die Inder auf.«

Kernstück des Gesetzentwurfes war die Abnahme von Fingerabdrücken von männlichen und weiblichen Indern über acht Jahren sowie die Pflicht, ständig Ausweispapiere bei sich zu tragen. Insbesondere die Abnahme von Fingerabdrücken wurde von den Betroffenen empört zurückgewiesen, denn damit wähnten sie sich auf einer Stufe mit Kriminellen. In einer denkwürdigen Rede am 11. September 1906 im Empire Theatre von Johannesburg forderte Gandhi seine Zuhörer auf, sich dem Gesetz, dem »Black Act«, zu widersetzen, und zwar in »freudiger Erwartung« der wahrscheinlich folgenden Inhaftierung. Unter aufbrausendem Beifall brachte Gandhi die Anwesenden dazu, einen Eid abzulegen, demzufolge niemand dem Gesetz folgen werde, ungeachtet noch so harter Strafen.

Indem er seine Anhänger aufforderte, der Stimme ihres Gewissens zu gehorchen, hatte er diesen Auftritt zur Geburtsstunde seiner berühmt gewordenen Widerstandsmethode des *satyagraha* gemacht, obwohl der Begriff eigentlich erst 1908 auf Anregung seines engen Mitarbeiters Maganlal als Sanskrit-Kunstwort aus der Taufe gehoben wurde. *Satya* bedeutet »Wahrheit« und *graha* »festhalten«. Gandhi suchte damals nach einem indischen Begriff, der den bis dahin für seinen Kampf häufig verwendeten Terminus »passiver Widerstand« ersetzen sollte. Insbesondere das »Passive« missfiel Gandhi.

»Festhalten an der Wahrheit« umfasste im Wesentlichen folgende Grundgedanken: Der *satyagrahi*, als die Person, die das Prinzip anwendet, muss zunächst die Konfliktsituation genau analysieren, alle erreichbaren Tatsachen zusammentragen, klar und öffentlich seine Ziele verkünden und dem Gegner Zeit zu Verhandlungen geben, um einen Kompromiss zu erreichen. Erst wenn dies fehlschlägt, darf er eine Aktion beginnen, jedoch nicht ohne den Gegner von der Gerechtigkeit der eigenen Sache zu überzeugen zu versuchen. Während eines *satyagraha* sind Kommunikationskanäle mit dem Gegner aufrechtzuerhalten, sodass eine Verhärtung der Standpunkte vermieden werden kann. *Satyagrahis* schwören, ungeachtet welcher Provokation auch immer, keine Gewalt anzuwenden, sich keiner Verhaftung und der Beschlagnahme ihres Eigentums zu widersetzen. *Satyagrahis* sollen immer ruhig und würdevoll auftreten, Gefängnisregeln strikt beachten und keine Sonderrechte beanspruchen. Entscheidend ist schließlich, dass die Liebe, Würde und Aufopferungsbereitschaft des *satyagrahi* das Herz des Gegners erreichen und seinen Zorn lösen. Sein Leiden verhindert ein triumphierendes Auftreten des Gegners und ist geeignet, Sympathien der öffentlichen Meinung zu mobilisieren. Der gewaltfreie Widerstand des *satyagrahi* ist nach Gandhi nichts

God is Truth
The way to Truth
lies through Ahimsa
(non violence,)
sabarmati
13 3/27   MKGandhi

9 Handschrift-
liche Notiz von
Gandhi: »God is
truth«, März
1927

für schwache Naturen – von ihnen ausgeübt, sei er lediglich
ein Akt der Feigheit.

Liebe im jainistischen Sinne von *ahimsa* und Mitleiden
sind die Grundelemente dieser Form von Widerstand, die
Gandhi wiederholt in Südafrika und später in Indien benutzte. Dabei wusste Gandhi sehr wohl, dass die Jain ein
durchaus taktisches Verhältnis zu ihrer radikalen Gewaltfreiheit gegenüber jeder Kreatur besaßen: Während ein jai-
nistischer Geschäftsmann zwar einerseits penibel darauf
achten mochte, beim Gehen kein noch so kleines Insekt zu
zertreten, konnte er andererseits seine Schuldner skrupellos
in die Enge treiben. Gandhis allgemeine Erweiterung des
ahimsa-Begriffs bestand eben darin, dass er Respekt und
Sympathie für den Gegner umfasste, des weiteren Freiheit
von Furcht und Sehnsucht nach Frieden. Überhaupt sprach
Gandhi niemals von einem Gegner als Feind.

Gandhi leitete bis zum Jahre 1909 die Widerstandskam-
pagne gegen den »Black Act« vom Juli 1907, als die Pläne von
Smuts in Kraft traten. Ende Januar 1908 gingen 155 Inder in
Haft, als sie sich der Registrierung verweigerten und ihre
Dokumente in Johannesburg öffentlich verbrannten, Gandhi
selbst begann die Reihe seiner zahlreichen Gefängnisaufent-
halte wegen zivilen Ungehorsams ebenfalls zu dieser Zeit.
Noch weitere drei Mal saß er bis Dezember 1913 im Gefängnis.

Im Oktober 1906 führte er eine indische Delegation nach London, um dort gegen das kommende Gesetz etwas zu erreichen. Es offenbare Rassenvorurteile in höchst beleidigender Weise, erklärte Gandhi dem Kolonialstaatssekretär Lord Elgin, und es reduziere Inder zweifellos auf ein Niveau unterhalb der Kaffer (sic! Schwarze). Elgin versprach Gandhi, dass das Gesetz nicht verwirklicht werde und erwies sich damit als äußerst verschlagen: Er wusste, dass Transvaal zum 1. Januar 1907 ein hohes Maß an Selbstständigkeit erlangen würde und die dortige Regierung dann nach eigenem Ermessen würde handeln können. Doch war Gandhis Reputation nach seiner Rückkehr nach Südafrika inzwischen so weit gestiegen, dass er mit Smuts persönlich verhandeln konnte. Im Ergebnis glaubte Gandhi Smuts so verstanden zu haben, dass das Gesetz nicht in Kraft trete, wenn sich die Mehrheit der Inder freiwillig registrieren ließe. So ließ er sich selber registrieren, was von vielen Indern als Verrat empfunden wurde. Der Pathane Mir Alam Khan verübte am 10. Februar 1908 ein Attentat auf Gandhi, der mit dem Wort »Ram« (»Gott«) auf den Lippen verletzt zu Boden ging.

Tatsächlich dürfte Gandhi wohl von Smuts hereingelegt worden sein, denn trotz freiwilliger Registrierung trat das Gesetz in Kraft. Der Widerstand hielt noch eine Weile an, flaute dann aber bis Mitte des Jahres 1909 allmählich ab.

Noch im selben Jahr machte sich Gandhi erneut auf den Weg nach London, um an der Spitze einer Delegation von Indern aus Transvaal Einfluss zu nehmen auf jenen politischen Prozess, an dessen Ende im nächsten Jahr die Gründung der Südafrikanischen Union aus den bisherigen Kolonien stehen würde. Politisch erreichte er in England wenig, der Besuch konfrontierte ihn aber erstmals mit Ausbrüchen indischen Gewaltprotestes gegen die britische Herrschaft über Indien.

Die Rückfahrt an Bord der »Kildonan Castle« Ende November nutzte Gandhi dann zur Niederschrift des Buches. ›Hind Swaraj‹ (etwa: ›Indiens Freiheit‹). Es gilt als Gandhis ausgefeiltestes und dichtestes Werk, verfasst in Form eines

Dialoges zwischen einem Leser und dem Herausgeber, also Gandhi selber. Vielleicht war der Verfasser von der ›Bhagavadgita‹ mit ihrer Debatte zwischen Krishna und Arjuna über das *dharma* und den »richtigen Weg« inspiriert worden. In ›Hind Swaraj‹ geht der Herausgeber als Sieger hervor. Veröffentlicht zunächst in Südafrika 1909 in zwei Teilen auf Gujarati, bildet das Manifest eine Art Brücke, welche Gandhis Jahre in England und seine Rezeption von Ruskin und Thoreau mit der wachsenden Freiheitsbewegung in Indien verbindet. Indem das Traktat strikt auf Gewaltlosigkeit setzt, reflektiert es sicherlich auch die jüngsten Erlebnisse Gandhis in London. ›Hind Swaraj‹ zufolge konnten sich die Briten nur deshalb in Indien halten – es fällt auf, dass jetzt von Indien und nicht mehr von Südafrika die Rede ist –, weil die Inder mit den Eindringlingen kooperierten. Auf Grund eigener Schwäche und Dummheit hätten die Inder England ihr Land gegeben, und keineswegs hätten die Engländer den Subkontinent genommen. Britische Gewalt in Indien sei kaum nötig, denn die Inder hielten die britische Herrschaft selber aufrecht. Das aber bedeutete: Ohne indische Kooperation würde die *Raj* zusammenbrechen.

Furore machte die Schrift jedoch durch ihr zentrales Thema, die Fundamentalkritik Gandhis an der modernen, westlichen Zivilisation. Sichtbar in England und an der weißen Herrschaft in Südafrika stehe sie für Materialismus und Sklaverei. Positiv dagegen zeichnet Gandhi das Bild der östlichen Zivilisation mit ihrer Harmonie und geistigen Tugend. Indien steht dabei stellvertretend für diesen Zivilisationstyp. Überraschend für die Leser seiner Zeit war vor allem Gandhis harsche Kritik an westlicher Medizin, welche die Menschen in Abhängigkeit bringe. Bedenkt man, dass er selber eine Malaria mit Chinin bekämpfte und später dem sicheren Tod nur durch eine Blinddarmoperation entkommen sollte, muten Äußerungen aus ›Hind Swaraj‹ wie diese recht kühn an: »Ich habe versucht zu zeigen, dass der (westlich verstandene, A. H.) Arzt-Beruf der Menschheit keinen wirklich Dienst erweist und schädlich für sie ist. Ärzte geben mit ihrem Wissen an und nehmen exorbitante Honorare … Die Bevölkerung lässt sich in ihrer Leichtgläubigkeit und in der Hoffnung auf Heilung von mancher Krankheit gerne hinters Licht führen. Sind Quacksalber, die wir kennen, nicht besser als Ärzte, die sich mit dem Getue von Menschlichkeit umgeben?« Im Übrigen kritisierte Gandhi die moderne Medizin, weil sie von profitgetriebenen pharmazeutischen Firmen beherrscht sei. Gandhi selber experimentierte im Laufe seines Lebens mit Naturheilverfahren, und das von ihm 1921 herausgegebene Büchlein ›A Guide to Health‹ (deutsch: ›Wegweiser zur Gesundheit‹) blieb über Jahrzehnte sein meistgelesenes Werk.

Nicht besser kamen in ›Hind Swaraj‹ das westliche Recht und das Erziehungswesen weg. Der Autor bemängelte die westliche Streitkultur bei der Rechtsfindung, und in der Erziehung sei es vor allem die englische Sprache, welche die Inder geistig versklavt habe. Tatsächlich sollte die Förderung der indigenen Sprachen Indiens immer ein prominentes Thema Gandhis bleiben. Schließlich attackierte der Verfasser die moderne Technik mit ihren Maschinen, die in Indien Arbeit und Nahrung vernichte. Ausdrücklich verknüpfte Gandhi damit sein Hohelied auf das indische Dorf, die Verehrung körperlicher Arbeit, die Wertschätzung des Spinnrades, und zugleich verteufelte er die industrielle Produktion.

Herausgeber: Ich fürchte, wir müssen zugestehen, dass wohlhabende Menschen die britische Herrschaft stützen; ihre Interessen sind verknüpft mit deren Stabilität. Geld macht einen Mann hilflos. Die andere gefährliche Sache ist sexuelles Laster. Beide sind Gift. Ein Schlangenbiss ist ein schwächeres Gift als diese beiden, denn ersteres zerstört nur den Körper, letzteres Körper, Geist und Seele. Deshalb brauchen wir nicht erfreut zu sein angesichts des wachsenden Fabrikwesens.

Leser: Müssen also die Fabriken geschlossen werden?

Herausgeber: Das ist schwierig. Es ist keine einfache Sache etwas abzuschaffen, was etabliert ist. Wir sagen daher, dass das Nicht-Beginnen einer Sache höchste Weisheit darstellt.

M. Gandhi, Hind Swaraj, S. 108 f.

Insgesamt galt Gandhi jene Zivilisation als »wahr«, die Hilfe zur Selbstverwirklichung und universelle Brüderlichkeit bewirke, nicht jedoch Eisenbahnlinien und Fabrikanlagen. Es wäre indessen unredlich, wollte man Gandhi eine totale Ablehnung alles Westlichen unterstellen. Immer schätzte er dessen Beiträge für die Menschheit – seien es der hohe Wert der Freiheit, Gleichheit, schriftlich verankerte Rechte, religiöse Toleranz sowie die materielle Besserstellung von Frauen. Allerdings: Gleichheit hatte nach Gandhis Lesart den natürlichen Unterschieden zwischen Individuen Rechnung zu tragen, Rechten mussten Pflichten gegenüberstehen, religiöse Toleranz durfte einen festen Glauben nicht behindern und materielles Wohlergehen seelischem Wohlbefinden nicht im Wege stehen.

Das Rezept für die völlige Umgestaltung der Verhältnisse in Indien sah er weder im Konstitutionalismus gemäßigter Kreise des INC, die allmählich auf verfassungsmäßigem Wege Veränderungen herbeiführen wollten, noch im Terrorismus, sondern in der Anwendung von Satyagraha-Techniken, wie sie in Südafrika erprobt wurden.

Die Aufnahme von ›Hind Swaraj‹ fiel höchst unterschiedlich aus. Gandhis Freund Gokhale, der ihn 1912 in Südafrika besuchte, lehnte die Schrift, wie viele andere Kritiker auch, als utopisch ab, und der spätere Mitstreiter Gandhis und erste Premierminister des freien Indiens, Jawaharlal Nehru, las sie erst gar nicht. Den intellektuell anspruchsvollsten Diskurs über ›Hind Swaraj‹ führte Gandhi seit 1910 in Südafrika mit W. J. Wybergh, einem seiner jüdischen theosophischen Freunde. Wybergh war Politiker und Aufseher des Minenwesens von Transvaal und zugleich erbitterter Gegner indischer Interessen in Südafrika und eine Art Vordenker der späteren Apartheidpolitik. Wyberghs zentrales Bedenken gegenüber ›Hind Swaraj‹ nahm eine Dauerkritik an der späteren politischen Methode Gandhis in Indien sozusagen in einem wichtigen Punkte vorweg, indem es Gandhi vorwarf, religiös aufgeladene Begriffe wie »Festhalten an der Wahrheit« mit Politik unzulässig zu vermischen. Überdies, so Wy-

10 Gandhi (vorn rechts) mit Hermann Kallenbach (vorn links)

bergh, verschiebe das Satyagraha-Konzept lediglich die Auseinandersetzung auf ein anderes Schlachtfeld, denn letzten Endes wolle auch der *satyagrahi* gewinnen.

Doch zurück zum politischen Kampf Gandhis in Südafrika. Seine ersten Erfahrungen mit dem Gefängnis hatten eine unerwartete Wirkung auf ihn. Hier lernte er ganz andere Inder kennen, machte sich mit ihren häufig sehr ärmlichen Lebensumständen vertraut. Zugleich legte er in der Haft nachdrücklich Wert darauf, von Kontakten mit den »Kaffirs«, den Schwarzen, verschont zu bleiben. Hingegen kam insbesondere das dürftige Gefängnisessen seinen eigenen diätetischen Vorstellungen durchaus entgegen. Und Gandhi wäre nicht Gandhi gewesen, wenn er nicht versucht hätte, aus der Situation das Beste zu machen. Hinter Gefängnismauern studierte er Thoreaus Essay über ›Civil Disobedience‹, den der Amerikaner angesichts des amerikanischen Krieges gegen Mexiko verfasst hatte.

Als Gandhi im Jahre 1910 gut 30 km außerhalb Johannesburgs seine zweite ländliche Wohngemeinschaft gründete, flossen in dieses neue Experiment gemeinschaftlichen Lebens sicher auch Erfahrungen aus der Gefängniszeit mit ein. In Verehrung des großen russischen Dichters nannte Gandhi das neue Anwesen »Tolstoi«. Die Freundschaft mit dem aus Memel gebürtigen deutsch-jüdischen Architekten Hermann Kallenbach hatte den Kauf des Geländes ermöglicht. Gandhi umgab sich in seiner südafrikanischen Zeit gern mit jüdischen Mitarbeitern und Helfern, neben Kallenbach gehörten Henry Polak und seine Sekretärin Miss Schlesin zu seinem engsten Vertrautenkreis. Für ihn waren die Juden die »Unberührbaren der Christenheit«.

Bis zum Ende des »Tolstoi«-Experiments im Jahre 1913 – mit Kallenbach disputierte er u. a. auch darüber, wie man als

Mr. Kallenbach und ich führten häufig Gespräche über Religion, die sich üblicherweise um Grundsätzliches wie Gewaltfreiheit oder Liebe, Wahrheit und Ähnliches drehten. Als ich sagte, es sei unangemessen, Schlangen und vergleichbare Tiere zu töten, zeigte sich Mr. Kallenbach schockiert … Aber letzten Endes erkannte er die Wahrheit dieses Prinzips wenigstens abstrakt an … Wenn es nun falsch war, Schlangen und ähnliches zu töten, müssten wir, dachte Mr. Kallenbach, um ihre Freundschaft werben … Er brachte uns bei, verschiedene Arten von Schlangen zu unterscheiden und zähmte schließlich eine riesige Kobra auf unserer Farm. Mr. Kallenbach fütterte sie täglich mit der Hand. Sanft wandte ich ein: Obwohl Sie all dies in freundlichem Geiste tun, könnte ihre Freundlichkeit der Kobra nicht ganz klar sein, zumal ihre Güte nicht ganz frei von Angst ist. Weder Sie noch ich haben den Mut, mit ihr zu spielen, wenn sie frei wäre, und gerade diese Art Mut sollten wir stärken. Also: Obwohl Freundlichkeit vorhanden ist, besteht keine Liebe bei dieser Art von Zähmung der Kobra. Unser Verhalten sollte dergestalt sein, dass die Kobra es durchschauen kann … Sie denken nicht daran, dass die Kobra giftig ist und haben sie eingesperrt, um ihre Verhaltensweise zu studieren. Das ist eine Art von Eigeninteresse, für die in einer wahren Freundschaft kein Platz sein sollte … Mein Argument leuchtete Mr. Kallenbach ein, aber er konnte es nicht über sich bringen, die Kobra sofort freizulassen. Ich übte keinerlei Druck auf ihn aus.

M. Gandhi, Satyagraha in South Africa, S. 229 f.

echter *satyagrahi* den zahllosen Giftschlangen auf dem Gelände in aufrichtiger Liebe begegnen könne – führte Gandhi ein recht drakonisches Regiment auf der Farm, die in erster Linie als Rückzugsgelände für *satyagrahis* und ihre Familien gedacht war. Die Arbeit dort sei »härter als im Gefängnis« gewesen, schrieb Gandhi später nicht ohne Stolz. Strikte Disziplin, ein rigoros durchgeplanter Tagesablauf, gemeinschaftliches Essen und die Reduzierung alles Persönlichen auf ein absolutes Minimum prägten das Leben auf »Tolstoi«. Und, so Gandhi: Wie die Häftlinge schoren sich die »Tolstoi«-Bewohner den Kopf.

Es waren diese Jahre, in denen sich Gandhi auch selber äußerlich wandelte, sich sozusagen dekolonisierte: Vom britisch orientierten, überwiegend europäisch gekleideten *gentleman* zu einem selbstgenügsamen, vielleicht ein wenig hart erscheinenden Überzeugungstäter indischer Herkunft.

Das Jahr 1913 lieferte erneut eine Gelegenheit, ein *satyagraha* durchzuführen. Zwar bot die weiterhin bestehende Diskriminierung der Inder in Form der Drei-Pfund-Steuer für ehemalige Vertragsarbeiter ohnehin Anlass für weitere Beschwerde, doch es kam noch härter: Nach einem Urteil des Obersten Gerichtshofes der Südafrikanischen Union vom März jenes Jahres waren künftig Ehen von Hindus, Muslimen und Parsen ungesetzlich, indische Ehefrauen faktisch Konkubinen und reif für die Ausweisung. Gandhi forderte nun die Abschaffung der Steuer und die Nichtbeachtung des Gerichtsurteils, andernfalls werde er seine Landsleute zum Steuerboykott und die Vertragsarbeiter zum Streik aufrufen. Als die Regierung nicht reagierte, initiierte Gandhi im September eine neue Satyagraha-Kampagne. Unter Führung seiner Frau Kasturba überquerten 16 Personen illegal die Grenze von Transvaal nach Natal und riskierten damit ihre Verhaftung. Falls kein Arrest erfolgte, sollte die Gruppe weiter bis zu den Kohlegruben von Newcastle in Natal marschieren und die dortigen indischen Bergleute zum Streik bewegen. Eine zweite Gruppe sogenannter Natal sisters startete umgekehrt von Natal in Richtung Johannesburg,

Transvaal. Von ihnen wurden einige verhaftet. Gandhi zeigte sich überrascht von dem großen Echo auf seinen Streikaufruf. Er nutzte Mitte Oktober die günstige Stimmung und führte indische Familien nach Charlestown, wo er 20 Jahre zuvor in der Postkutschenaffäre gedemütigt worden war. Nachdem Smuts erneut die Forderungen abgelehnt hatte, führte Gandhi in einem Marsch über 2000 Menschen bei Volksrust von Natal über die Grenze nach Transvaal, womit er gegen bestehende Gesetze verstieß. Ziel des Marsches war jetzt seine »Tolstoi«-Farm als eine Art Widerstandszentrum. Erwartungsgemäß gab es Verhaftungen, auch Gandhi war dabei, kam aber gegen Kaution auf freien Fuß. Die Streiks in den Kohlegruben weiteten sich unterdessen aus, während die Regierung auf brutale Weise versuchte, die Bergleute zur Arbeit zu zwingen. Soldaten eröffneten das Feuer auf Plantagenarbeiter, die nun ebenfalls in den Streik traten, und es gab erste Todesopfer zu beklagen. Gandhi nutzte seine Haftentlassung am 18. Dezember 1913, um einen zweiten Protestmarsch anzukündigen, drei Tage später zeigte sich ein nun auch äußerlich verwandelter Gandhi in Durban der Öffentlichkeit: barfuß, in »Kuli«-Kleidung, ohne Schnauzbart und kahlrasiert aus Trauer um die Opfer unter den Streikenden.

Und dann erfolgte eine typische Satyagraha-Wende: Gandhi blies den geplanten Marsch überraschend ab, als die weißen Eisenbahner die bedrängte Situation der Regierung ihrerseits zu einem Streik für eigene Forderungen nutzten. Gandhi argumentierte, ein *satyagrahi* dürfe die Notsituation seines Gegners nicht zum eigenen Vorteil nutzen. Auch wenn sicherlich nicht alle Inder diesem anspruchsvollen *satyagraha*-Argument folgen mochten, gewann Gandhi damit die moralische Offensive: Für Mitte Januar 1914 wurde ihm ein Gesprächsangebot mit der Regierung gemacht, das er annahm.

Eine von Smuts beauftragte Kommission erarbeitete die »Indians' Relief Bill« vom Mai 1914, welche die Rücknahme aller die Inder diskriminierenden Gesetze brachte. Allerdings war der Erfolg Gandhis teuer erkauft, was gelegentlich übersehen wird. Denn im Gegenzug beendete Südafrika das System der Vertragsarbeit und verwehrte künftige indische Einwanderung in die Union. Entsprechend ambivalent fällt heute auch das Urteil über Gandhis Kampagne aus. Zwar hatte das *satyagraha* tatsächlich die geforderte Rücknahme der Gesetze und damit eine wesentliche Erleichterung für die Inder gebracht, aber Smuts hatte sozusagen weiterblickend auch einen Erfolg errungen, nämlich künftig Inder von Südafrika fernzuhalten.

Seinem langjährigen, gerissenen und nicht immer fairen Kontrahenten Smuts schenkte Gandhi zum Abschluss ihrer Verhandlungen ein Paar einfacher Sandalen, das er im Gefängnis gefertigt hatte. Smuts trug sie auf seiner Farm »Irene« bei Pretoria. Er kommentierte die endgültige Rückkehr Gandhis nach Indien vielsagend mit den Worten: »Der Heilige hat unsere Gestade verlassen, hoffentlich für immer.«

Mit der »Indians' Relief Bill« sah Gandhi seine Zeit in Südafrika als beendet an. Die »Tolstoi«-Farm war bereits aufgegeben worden, auf »Phoenix« bei Durban wurde jedoch weiterhin die Zeitung ›Indian Opinion‹ produziert.

Am 18. Juli 1914 fuhr Gandhi auf Anweisung Gokhales zunächst mit seiner Frau nach London, wo er zwei Tage nach Ausbruch des Ersten Weltkrieges eintraf. Ihre vier Söhne sowie weitere Bewohner von »Phoenix« reisten direkt nach Indien. Manilal wurde wenige Wochen später wieder nach Durban zurückgeschickt, um die Herausgabe der ›Indian Opinion‹ zu betreuen.

Angesichts der britischen Kriegserklärung an Deutschland stellte Gandhi in London seine Loyalität zum Empire erneut dadurch unter Beweis, dass er wieder einmal daran ging, die Aufstellung eines Ambulanzkorps zu organisieren, jetzt aus den Reihen indischer Studenten in der Hauptstadt. Aus Gesundheitsgründen sah er sich jedoch gezwungen, England bereits im Dezember zu verlassen, um endlich am 9. Januar 1915 in Bombay einzutreffen.

Festhalten an der Wahrheit in Indien

Ohne konkrete Pläne für seine nahe Zukunft betrat Gandhi den Boden seines Mutterlandes, wie man in Indien sagt. Allerdings versprach er sich von seinem großen Vorbild Gokhale Zugang zum Establishment des INC und suchte ihn alsbald auf. Gokhale riet ihm, für ein Jahr alle Aktivität ruhen zu lassen und sich stattdessen auf ausführlichen Reisen einen eigenen Eindruck von Indien zu verschaffen. Gandhi griff den Rat auf und fuhr in der dritten Klasse der Eisenbahn bis Anfang 1916 kreuz und quer durch den Subkontinent. Von Gokhale selber hatte er nicht mehr viel, denn er starb plötzlich am 20. Februar 1915.

Himmelschreiende Armut der einfachen Landbevölkerung, aber auch unvorstellbarer Schmutz und ausgeprägte Ignoranz der Menschen beeindruckten Gandhi auf seiner Erkundungsfahrt zutiefst. Nun verstärkte sich seine Überzeugung, dass Indiens *swaraj*, die Freiheit, nicht nur formell als politische Loslösung von England verstanden werden müsse, sondern weit mehr noch als innere Reinigung und umfassende Erziehung seiner einfachen Bewohner. Er machte einen Abstecher nach Santiniketan in Bengalen, wo Indiens Literaturnobelpreisträger Rabindranath Tagore eine

---

Rabindranath Tagore (1861–1941)

Aus einer brahmanischen Industriellen- und politisch reformorientierten Familie Bengalens stammend, entwickelte sich Tagore zu einem geachteten Dichter und Autor. Im bengalischen Santiniketan gründete er im Jahre 1901 eine Landschule, die 1918 zur Visva-Bharati-Universität umgewandelt wurde. Für eine Reihe bengalischer Gedichte erhielt er 1913 den Nobelpreis für Literatur, später komponierte er die Nationalhymne für das unabhängige Indien. Er war zu keiner Zeit ein feuriger Anhänger Gandhis, wenngleich er ihm den Titel »Mahatma« verlieh.

11 Gandhi
(links) und
Rabindranath
Tagore in Vanita
Vishram, April
1920

eigene Siedlung unterhielt. Bei dieser Gelegenheit betitelte
der Dichter seinen Gast erstmals als »Mahatma«, zu deutsch:
»große Seele«. Gandhi selber hat sich nie viel aus dieser Eh-
rung gemacht, eher war sie ihm peinlich. Lieber ließ er sich
Bapu (»Vater«) nennen, gängig waren aber auch Koseformen
wie Gandhiji, Bapuji oder Mahatmaji. Tagore und Gandhi
achteten einander, obwohl sie nach Herkunft und Ansichten
ungleich waren. Hier der bengalische Brahmane, dort das
vergleichsweise niedrige Bania-Kastenmitglied, hier ein
Denker, der die westliche Zivilisation für Indiens Zukunft zu
nutzen trachtete, dort der giftige Kritiker eben jener Zivilisation. Insgesamt warf Tagore Gandhi eine zuweilen fanati-
sche Weltsicht vor, gleichwohl ließ er ihn in Santiniketan mit
ein paar Reformversuchen gewähren, die bald nach seiner
Abreise ohnehin wieder in Vergessenheit gerieten.

Bei Tagore waren Bewohner von Gandhis »Phoenix«-Sied-
lung in Südafrika untergekommen, nachdem sie das Land
mit Gandhi 1914 verlassen hatten. Nun zogen sie gemeinsam
von Bengalen nach Westen, um nahe der Stadt Ahmedabad

in Gujarat einen neuen Ashram ins Leben zu rufen. Am 20. Mai 1915 gegründet, bildete die nach dem dort häufig trocken fallenden Sabarmati-Fluss benannte Siedlung für gut anderthalb Jahrzehnte das Zentrum von Gandhis Experimenten mit Gesundheit und Erziehung. Der Sabarmati-Ashram, eine lose Ansammlung flacher weißer Bauten unter schattenspendenden Mangobäumen in der Nähe des örtlichen Gefängnisses und häufig verschmutzt durch die Schornsteine der städtischen Textilfabriken, war vermutlich der rigoroseste Versuch Gandhis, in einer abgeschlossenen Mikrowelt Selbstdisziplin und Selbstreform unter den rund 50 Mitgliedern durchzusetzen. Nicht unumstritten blieben insbesondere seine gesundheitlichen Experimente, die auch schon mal darin gipfelten, dass erkrankte Kinder eher dem Tod als der städtischen Krankenhauspflege anheim gegeben wurden.

Alle Dauerbewohner des Ashrams hatten sich einem Schwur zu unterwerfen, der elf Verhaltensregeln umfasste. In der von Gandhi festgelegten Reihenfolge waren dies: I. Wahrheit, II. Nichtgewalt oder Liebe, III. Enthaltsamkeit *(brahmacharya)* – auch bei Ehepaaren, IV. strikte Kontrolle des Geschmackssinnes – Fleisch, Alkohol und Tabak waren im Ashram ebenso tabu wie die Veranstaltung festlicher Essen, die, so Gandhi, »nur das Vergnügen zum Gegenstand« hätten, V. Nichtstehlen, VI. Besitzlosigkeit oder Armut, VII. körperliche Arbeit, VIII. *swadeshi*, d. h., die unbedingte Bevorzu-

4 h: Aufstehen; 4.15–4.45 h: Morgengebet; 5–6.10 h: Körperreinigung, Gymnastik, Studium; 6.10–6.30 h: Frühstück; 6.30–7 h: Frauengebetsgruppe; 7–10.30 h: Körperliche Arbeit, Erziehung, Gesundheitspflege; 10.45–11.15 h: Mittagessen; 11.15–12 h: Ruhe; 12–16.30 h: Körperliche Arbeit; 16.30–17.30 h: Erholung; 17.30–18.00 h: Abendessen; 18.00–19.00 h: Erholung, Unterhaltung; 19.00–19.30 h: Gemeinsamer Gottesdienst; 19.30–21.00 h: Entspannung; 21.00 h: Glocke für Bettzeit; Stundenänderungen bei Bedarf vorbehalten.

M. Gandhi, Ashram Observances, S. 123 f.

gung heimischer Materialien und Dienstleistungen einschließlich des Webens und Spinnens eigener Textilien, IX. Furchtlosigkeit, X. Beseitigung der Unberührbarkeit und schließlich XI. Toleranz.

Es war das Gebot der Bekämpfung der Unberührbarkeit, welches das Sabarmati-Experiment frühzeitig an den Rand des Scheiterns brachte. Als Gandhi eine Familie der Kastenlosen aufnahm, erhob sich schärfster Protest im Ashram, auch seine Frau Kasturba war empört – hier hatte er eindeutig die rote Linie überschritten. Schlimmer noch, örtliche Unternehmer, die anfangs zu den finanziellen Gönnern des Ashrams zählten, zogen nun ihre Unterstützung zurück. Als Gandhi damit drohte, den Konflikt dadurch zu entschärfen, dass er selber in die Wohnquartiere der Unberührbaren von Ahmedabad zog, um dort mit ihnen zu arbeiten und zu leben, traf in letzter Minute die großzügige Spende eines Industriellen ein. Ganz allmählich entspannte sich die Situation, und Ahmedabad gewöhnte sich an das neue indische Leben im Ashram vor der Stadt.

Stur, wie er in grundsätzlichen Fragen sein konnte, stieß Gandhi auch die Granden des INC vor den Kopf, als er als Novize der »Servants of India Society« deren etablierte Mitglieder dadurch schockierte, dass er demonstrativ das Toilettenreinigen eigenhändig übernahm. Damit war seine Probezeit in der Society beendet. Wenig später, Anfang Februar 1916, kam es zum nächsten Eklat. In einer Rede anlässlich der Eröffnung der Benares Hindu University, zu der ihn die ihm aus England bekannte Annie Besant in ihrer Eigenschaft als Mitgründerin der Universität eingeladen hatte, zog Gandhi gegen den Gebrauch des Englischen bei öffentlichen Veranstaltungen, gegen den Schmutz in Tempeln und Pilgerstätten, gegen den vulgären Luxus der reichen Inder und ihre Ignoranz gegenüber den Armen sowie gegen die Arroganz der Briten vom Leder. Krönender Abschluss seiner Suada war das Bekenntnis, er sei »Anarchist«. Anwesende Prominente verließen empört den Vortragssaal, und dieser Auftritt bedeutete zugleich Gandhis Bruch mit Annie Besant. Sie warf Gandhi vor, mehr an das Leiden als an den Fortschritt zu glauben. Langfristig schwerwiegender wirkte ein Streit mit Jinnah, dem späteren muslimischen Gründer Pakistans, als Gandhi diesen bei einer Veranstaltung mit Gujarati-Händlern drängte, Gujarati zu sprechen, das Jinnah jedoch kaum beherrschte. Später meinte Gandhi über diesen Vorfall: »Jinnah hasste mich, seit ich ihn aufforderte, Gujarati zu sprechen«.

Gandhi sah sich zusätzlich isoliert, als Bemühungen der Gemäßigten und der Extremisten im INC um Einigung beim INC-Kongress im nordindischen Lucknow im Dezember 1916 durch ihren »Pakt von Lucknow« vorankamen und darüber hinaus Versuche Jinnahs erkennbar wurden, die 1906 zur Stärkung des muslimischen Gewichts gegenüber dem Hindu-dominierten Kongress gegründete Muslim Liga näher an den INC heran zu führen. Gandhi wähnte sich ausmanövriert, doch Rettung nahte unverhofft. Der Agrarwissenschaftler R. K. Shukla sprach Gandhi auf dem Kongress an. Er hatte ihn in Benares sagen hören, dass die Rettung Indiens nur von den Bauern zu erwarten sei. Shukla drängte Gandhi, mit ihm nach Champaran in Bihar unweit der nepalesischen Grenze zu kommen und sich von der bitteren Not der dortigen Indigo-Pflanzer zu überzeugen. Gandhi lehnte zunächst ab, sagte dann aber zu und griff damit erstmals aktiv in das beschwerliche Leben der indischen Bauern ein.

In Champaran hatte es seit der zweiten Hälfte des 19. Jahrhunderts immer wieder Unruhen der Indigo-Bauern gegen ausbeuterische Praktiken der europäischen Pflanzer gegeben. Dabei ging es zunächst um das verschachtelte Pachtsystem, in dem britische Oberpächter gemeinsame Sache mit einheimischen Unterpächtern zu Lasten der einfachen Bauern machten. Jahrzehntelang waren diese Bauern gezwungen worden, das ertragreiche Indigo anzubauen und den Erlös fast vollständig an die Unterpächter abzuliefern. Mit der Erfindung des synthetischen Indigos Ende des 19. Jahrhunderts in Deutschland schlitterte der indische Indigoanbau in eine tiefe Krise, die dann aber mit dem Ausbruch des Ersten

Weltkrieges und dem Abbruch der englisch-deutschen Handelsverbindungen wieder ein Ende fand. Die neuerlichen hohen Gewinne aus dem Indigoanbau wanderten jedoch fast vollständig in die Taschen der Unterpächter und die einfachen Bauern verarmten zusehends. Das war der Stand der Dinge, als Gandhi gerufen wurde. Vor Ort fand er, dass die Klagen der Bauern im Wesentlichen berechtigt waren. Und plötzlich musste er sich fern der Heimat Gujarat in fremder Umgebung mit den Gewohnheiten und Gesetzen der bäuerlichen Gesellschaft auseinandersetzen, die ihm als Mitglied einer Händler-Kaste fremd waren. Die Händler, so D. Hardiman, blickten traditionell auf die Bauern herab, vor allem wegen deren Neigung zu Alkohol und Fleischgenuss. Dennoch gelang es Gandhi bei den Bauern Champarans Sympathien zu wecken, es war wohl auch seine gewisse Verschroben- und Ungehobeltheit, mit der er bei der englisch erzogenen Mittelklasse unter den Indern aneckte, bei den Bauern aber gut ankam. Immer reiste Gandhi dritter Klasse, kleidete sich denkbar schlicht, sprach einfaches Hindustani und trat bescheiden und anspruchslos auf. Er lebte oft mit den Bauern, teilte ihre karge Kost und hörte geduldig ihren Klagen zu. Durch Shukla, einen einigermaßen wohlhabenden Pflanzer, sowie durch Kontakte zu Geldverleihern sei-

Der Mensch ist nicht omnipotent. Deshalb dient er der Welt am besten, indem er zuerst seinem Nachbarn dient. Dies ist *swadeshi*, ein Prinzip, das dann gebrochen wird, wenn jemand beteuert, jenen mehr zu dienen, die entfernt, als jenen, die nahebei leben. Die Befolgung von *swadeshi* sorgt für Ordnung in der Welt; die Verleugnung schafft Chaos. Nach diesem Prinzip muss man, soweit irgend möglich, seinen Bedarf vor Ort decken und nicht Dinge kaufen, die aus anderen Ländern importiert wurden, welche problemlos im Lande hergestellt werden könnten. Eigeninteresse kennt *swadeshi* nicht, welches das persönliche Opfer für die Familie, der Familie für das Dorf, des Dorfes für das Land und des Landes für die Menschheit vorschreibt.

M. Gandhi, Ashram Observances, S. 114

ner Bania-Kaste hielt sich Gandhi zwar auch in gehobenen Kreisen auf, doch weder der radikale Tilak noch Gokhale – beide Brahmanen – hätten sich jemals dazu herab gelassen, unmittelbar vor Ort das Leid in Augenschein zu nehmen. Einzig Tagore hatte bereits vor Gandhi aufrichtiges Interesse an der Misere seiner bäuerlichen Landsleute gezeigt.

Gandhi und seine Helfer gingen daran, rund 8000 Beschwerden einfacher Indigo-Bauern aus ca. 800 Dörfern zu prüfen. Dabei legte er Wert darauf, auf eigene Rechnung zu arbeiten und den INC außen vor zu lassen. Entsprechend einem Grundsatz des *satyagraha* betonte er, dass es ihm nicht um Provokation, sondern um ein allseits akzeptables Ergebnis, um soziale Gerechtigkeit und nicht um einen politischen Feldzug gehe. Damit hielt er sich auch die Regierung vom Leibe. Kurz nach seiner Ankunft in Champaran am 10. April 1917 ordnete die britische Verwaltung dennoch die Ausweisung Gandhis an, andernfalls würde er inhaftiert. Mit seiner südafrikanischen Erfahrung im Rücken, zog Gandhi die Haft der Ausweisung vor. Indes: Unmittelbar vor der Urteilsverkündung entschlossen sich die Briten, Gandhi unbehelligt zu lassen, und so konnte er seine Untersuchungen fortführen. Das war ein bemerkenswerter Sieg, der Gandhis Ruf beachtlich steigerte. Der Vizegouverneur von Bihar und Orissa lud Gandhi darüber hinaus ein, einem offiziellen Untersuchungskomitee beizutreten. Gemeinsam gelangte man zu einer Lösung, die den Indigo-Bauern entgegenkam und die schließlich Gesetzeskraft erlangte. Gandhi hütete sich davor, in dem Kompromiss einen Triumph zu sehen, denn er wusste, dass die Machtbalance in Champaran durchaus die alte geblieben war. Der Satyagraha-Philosophie folgend, vermied er auch bewusst eine Demütigung der reichen Pflanzer und damit Verbitterung auf ihrer Seite.

Champaran hielt für ihn aber noch eine andere Erkenntnis bereit. Erst hier hatte sich ihm das ganze Elend des indischen Landlebens erschlossen, in seiner Autobiografie zeigt er sich erschüttert über das Maß an Unbildung, das allgemeine Unwissen, den Schmutz und die chaotischen Zu-

12 Am Spinnrad

stände in den armseligen bäuerlichen Gehöften. Um nun
die Bauern besser gegen Einschüchterung zu wappnen, sie
selbstbewusster zu machen, war es offenbar unerlässlich,
sie zu erziehen, »jeden Teil ihres Lebens zu durchdringen«,
sie im Sinne Gandhis zu zivilisieren. Bei allem Engagement
für die Bauern bleibt im Übrigen bemerkenswert, dass sich
Gandhi trotzdem nie besonders für bäuerliche Kultur, Volks-
kunst und Musik interessierte, wie er überhaupt der Kunst,
der Musik und auch der Geschichte wenig abzugewinnen
vermochte.

Champaran markierte die Geburtsstunde des von ihm so
bezeichneten »Konstruktiven Programms« oder Aufbaupro-
gramms, das in Gandhis umfassendes Sozialprogramm des
sarvodaya (»Wohlfahrt für alle«) eingebettet war und dessen
wesentliche Ziele in etwa mit folgenden Eckpunkten abge-
steckt werden können: Aufwertung des Dorfes, allgemeine
Sozialreform, Wiederbelebung des *khadi*-Handspinnens und
anderer Hausgewerbe, Zusammenarbeit zwischen Hindus
und Muslimen, Beseitigung der Unberührbarkeit, Verbesserung der Stellung der Frau, Alkoholverbot, Pflege einhei-
mischer Sprachen und schließlich Dorfsanierung.

Bhikhu Parekh hat den symbolischen Gehalt einzelner
dieser Ziele verdeutlicht. Danach diente etwa der Gebrauch
von *khadi* als eine Art Uniform und gewährleistete ein Mini-

mum an äußerer Gleichheit in einer zutiefst ungleichen Gesellschaft. Ferner erzeugte das Handgesponnene ein Gefühl der Solidarität mit den Armen und einen gewissen wirtschaftlichen Druck auf die britische Regierung, denn schließlich konnte es auch zu einer Importverringerung aus England führen. Das Spinnrad wiederum, die *charkha*, dessen landesweite Nutzung Gandhi unablässig und zuweilen nervtötend propagierte, diente verschiedenen symbolischen Zwecken. Es signalisierte eine sanfte Rebellion gegen die moderne industrielle Zivilisation und zugleich eine Bekräftigung der Würde des indischen Dorflebens. Es vereinigte Städte und Dörfer, die westlich gebildeten Eliten mit den einfachen Massen, es war ein »Zeichen ihrer Gemeinschaft«. Ganz im Sinne Gandhis verankerte das Spinnrad die Würde körperlicher Arbeit und jener, die sich mit ihr unter der sengenden Sonne Indiens abplagten, was aber zugleich eine Herausforderung der traditionellen indischen Kultur bedeutete, die diese Arbeit in Wahrheit immer verachtet hatte. Schließlich zwang das Spinnrad den Einzelnen wenigstens eine Zeitlang am Tage mit sich allein zu sein und Stille zu bewahren. Auch Gandhi selber reservierte sich täglich einige Zeit für das Spinnen, auch wenn er es darin nicht zu wahrer Meisterschaft brachte. Und so sehr und ausgiebig Gandhi immer ein offenes Ohr für Besucher und ihre Nöte im Ashram hatte, hielt er am Montag einer jeden Woche als seinem Tag des Schweigens fest. Die Kommunikation mit Besuchern erfolgte dann mittels beschriebener Zettel.

Andere Symbole, die er neben den von ihm herausgegeben Zeitungen ›Navajivan‹ und ›Harijan‹ zur Massenmobilisierung nutzte, waren die Kuh und eine kleine weiße Kopfbedeckung – als »Gandhi-Käppi« bekannt –, die Gandhi selber jedoch eher selten trug.

Gandhi sah in Champaran das dörfliche Indien, das nach seiner Auffassung unter der britischen Kolonialherrschaft so verkommen war und das der Rettung – seiner Rettung – bedurfte. Insofern zeichnete sich hier auch eine Wegscheide hinsichtlich des Kampfes um die politische Freiheit Indiens

ab: Der Kongress setzte einstweilen weiter auf Verfassungs-
mittel und Massenkampagnen, Gandhi und die Seinen be-
schritten den Weg der unspektakulären Basisarbeit mit einer
kleinen Schar Freiwilliger auf dem Lande.

Champaran bezeichnete auch den Beginn einer gottähn-
lichen Verehrung Gandhis, nicht selten erkannten einfache
Menschen in ihm einen *sadhu*, einen heiligen Mann nach hinduistischer Vorstellung, der erfolgreich gegen dämonische
Pflanzer kämpfte.

Ihm wurden sogar okkulte Fähigkeiten zugesprochen,
und manch ein Bauer glaubte, in seiner Gegenwart *darshan*
zu erfahren, einen Zustand, in dem der Fromme meint, mit
dem Göttlichen eins zu werden und sich seines Segens zu
vergewissern – in diesem Falle des Mahatmas.

Wenn er sich auch ein wenig unwohl in der Haut eines
»Messias« fühlte, begann Gandhi doch gleichwohl die Vor-
teilhaftigkeit zu begreifen, die aus dem Bild eines Heiligen
mit gottähnlichem Nimbus erwuchs. Er erarbeitete sich den
Ruf eines Bauernführers für ganz Indien und dies wiederum
nährte seine allmählich wachsende Überzeugung, dass die
Bauern und ihre Beschwerden als ideologisches Instrument
sowie als Basis für eine landesweite Satyagraha-Kampagne
benutzt werden könnten. Bihar trug ihm ein neues Charisma
und neue, junge Helfer ein, die häufig der lokalen Intelli-
gentsia entstammten, darunter Juristen aus hohen Kasten mit
einem ihm selber vergleichbaren Bildungshintergrund. Ende
1917 war er nicht mehr die provinzielle Figur mit südafrikanischer Vergangenheit, sondern man sah ihn als alleini-
gen Führer mit dem Finger am Puls des bäuerlichen Indiens.
Menschenmassen drängten sich auf den Bahnsteigen am
Fenster seines Zugabteils, um wenigstens einen kurzen Blick
auf den »Erlöser« zu erhaschen. Es begann die Zeit, in der
sich Gandhi bei solchen Gelegenheiten verzweifelt die Ohren zuhielt, um das Begeisterungsgeschrei der Menge gerade noch ertragen zu können.

Kaum hatte Gandhi die Streitigkeiten in Champaran bei-
zulegen geholfen, sah er sich in zwei neue Konflikte ver-

Berichte über Wundersames rund um Gandhi (1921)

(Shahid) Amin gliedert diese Berichte in vier Kategorien – Testen der Macht des Mahatma, dem Mahatma widerstehen, dem Mahatma vor allem hinsichtlich seiner Speisevorschriften widersprechen und schließlich Wundertaten des Mahatma im Zusammenhang mit verlorenen Gegenständen und der magischen Wiederbelebung von Bäumen und Brunnen.

»Ein paar Beispiele werden genügen, einen allgemeinen Geschmack dieser Berichte zu vermitteln. Unter der ersten Kategorie … war eine Geschichte, dass ein Hausangestellter erst dann von der Glaubwürdigkeit des Mahatma überzeugt sei, wenn sich das gedeckte Dach seines Hauses erheben würde. Das Dach stieg zehn Ellen in die Höhe und kehrte erst in seine Ausgangsposition zurück, als der Angestellte seine Hände in Demut vor Gandhi faltete. Unter den Geschichten der zweiten Kategorie … war jene einer Person, die Gandhi verspottet hatte, woraufhin ihre Augenlider zusammenklebten sowie die einer anderen, deren *ghee* (Butterfett) zu schmelzen begann, nachdem sie den Mahatma verleumdet hatte. Un-

ter der dritten Gruppe … zitiert Amin die Geschichte von den Söhnen eines Betelblätter-Verkäufers, die eine Ziege töteten und aßen. Einige Leute versuchten sie davon abzuhalten, aber sie schenkten ihnen keine Beachtung. Später erbrachen sie sich und waren völlig verstört. ›Später, als sie im Namen Mahatmajis schworen, niemals wieder Fleisch zu essen, verbesserte sich ihr Zustand.‹ Schließlich, als Beispiel für den vierten Typ von Geschichten, wurde erzählt, dass der Brunnen eines Dorfes am 27. April so stark absank, dass man nicht einmal eine kleine Schale Wasser emporbringen konnte. ›Angesichts dessen bot ein Misrij an, fünf Rupien im Namen Gandhis zu verteilen. Sofort begann das Wasser langsam zu steigen. Am Nachmittag des 28. April hatte sich der Brunnen auf fünf Ellen gefüllt, und am nächsten Tag war er elf Ellen tief.‹ … Zusammengefasst kommt Amin zu dem Ergebnis, dass ›diese Geschichten zeigen, wie Vorstellungen über Gandhis *pratap* (Macht) und die Anerkennung seiner Botschaft aus Hindu-Volksglauben und -praktiken sowie der handfesten Bauernkultur erwuchsen‹«.

David Arnold, Gandhi, S. 98 f.

strickt. Von Ende März bis Ende Juni 1918 führte er ein zweites *satyagraha* unter Bauern. Diesmal spielten sich die Auseinandersetzungen im Bezirk Kaira in seiner Heimat Gujarat ab, und es ging dabei um Steuerverweigerungen. Darüber hinaus bemühte er sich, einen Industriekonflikt in Ahmedabad zu schlichten.

Die vergleichsweise wohlhabenderen Bauern in Kaira hatten direkt mit der britischen Kolonialautorität zu tun und nicht mit europäischen Pflanzern. Die schlechte Ernte von 1917/18 verschlimmerte dort die schwierige Situation sowohl der regionalen Bauernelite, der Patidars, als auch der ärmeren Bauern. Die Patidars galten als zäh und stolz, dazu verfügten sie über eine gewisse Grundbildung. Die Dorfführer in Kaira starteten eine Kampagne zur Steuerverweigerung, weil die Abgaben ungeachtet der Ernteausfälle nicht gesenkt wurden. Gandhi schaltete sich ein wenig zögernd in den Konflikt ein, indem er die Regierung bat, auf die Steuerzahlungen zu verzichten. Dann forderte er einen Untersuchungsausschuss wie zuvor in Champaran, jedoch vergeblich. Nun startete er ein *satyagraha* mit den Patidars. Ein heiliges Gelübde verpflichtete die *satyagrahis* unbedingt zusammenzustehen, Geldstrafen zu akzeptieren und Landenteignungen hinzunehmen. Tatsächlich beteiligten sich jedoch nur wenige Dörfer, sodass der Erfolg wenig beeindruckend ausfiel. Spannungen existierten zwischen den Patidars und den ärmeren Bauern. Gandhi appellierte an ein *Hindu dharma*, demzufolge es Pflicht der Reichen sei, Ärmere zu unterstützen. Gleichzeitig versuchte er erzieherisch zu wirken, indem er die Bauern zu Sauberkeit ermahnte. Am 6. Juni erfolgte der Abbruch des *satyagraha*, nachdem der regionale Steuereintreiber die Zahlungsbefreiung für die ärmeren Bauern verkündet hatte.

Gandhi erfreute sich zu dieser Zeit bereits der Unterstützung zweier wichtiger, treuer Mitarbeiter: Mahadev Desai assistierte ihm bis zu seinem Tod im Gefängnis 1942 als Sekretär, und der in London ausgebildete Jurist Vallabhbhai Patel verschaffte ihm als Patidar-Sohn wertvolle Einblicke in die Welt der indischen Bauern, er knüpfte wichtige Kontakte und erwies sich als guter Ratgeber.

Gandhis beachtliche Akzeptanz bei den sozialkonservativen Patidars ging zugleich zu Lasten seines Einflusses bei den Ärmsten der Armen auf dem Lande. Seine Betonung der Gewaltfreiheit kam bei den Wohlhabenderen gut an, denn bei aller Klage über Ungerechtigkeiten fürchteten sie zugleich eine revolutionäre Zuspitzung kritischer Situationen. Darüber hinaus verfing bei ihnen Gandhis religiöse Ausstrahlung. Seine religiöse Argumentation, sein Appell an die religiöse Pflicht, beförderte die Verschmelzung von Hindu-Tradition und nationaler Politik. Schließlich trug Gandhis Wirken in Kaira dazu bei, dass die Patidars von Gujarat endlich aus dem politischen Schatten Indiens heraustraten und allmählich als eigenständige Größen wahrgenommen wurden.

Delikat gestaltete sich die Situation für Gandhi, als er 1918 in Ahmedabad daran ging, einen Streit zwischen Textilfabrikbesitzern und den von ihnen beschäftigten Arbeitern zu schlichten. Denn der Industrielle, der Gandhi um Vermittlung bat, Ambalal Sarabhai, war zugleich ein großzügiger Förderer des Sabarmati-Ashrams. Damit nicht genug, stand Sarabhais Schwester Anasuya auf der Seite der Arbeiter. Im Kern ging es bei dem Konflikt um die von den Arbeitern geforderte Weiterzahlung eines Bonus, der seit 1916 gewährt worden war, um Arbeitskräfte angesichts einer ausgebro-

---

Vallabhbhai Patel (1875–1950)

Patel entstammte der stolzen Patidar-Bauernschicht aus dem Kheda-Distrikt und verschaffte Gandhi in dessen früher indischer Tätigkeit wertvolle Einblicke in das Leben der indischen Bauern. Als in London ausgebildeter Anwalt und enger Mitstreiter Gandhis trat Patel im Kongress vor allem durch organisatorische und verwaltungstechnische Fähigkeiten hervor. Er vertrat eher konservative Ansichten und diente seinem Land von 1947 bis 1950 als stellvertretender Premier- und Innenminister.

chenen Pestepidemie zu halten. Nach dem Abflauen der Epidemie sollten nun aber wieder die alten Löhne gezahlt werden. Gandhi hatte bisher um industrielle Konflikte einen Bogen gemacht, was durchaus im Einklang mit seiner in ›Hind Swaraj‹ dokumentierten Industrieskepsis stand. Vermutlich wegen seiner Beziehungen zu den Sarabhais ließ er sich zu einer Vermittlung überreden, vielleicht wollte er aber auch *satyagraha* in einem neuen Umfeld testen.

Am 22. Februar 1918 spitzte sich die Situation zu, als die Unternehmer zum Mittel der Aussperrung griffen und die Regierung Gewaltausbrüche fürchtete. Nun setzte Gandhi seine Satyagraha-Technik ein. Für seine Bereitschaft, den Streik zu unterstützen und die Aktion anzuführen, ließ er sich folgende Zusicherungen von den Arbeitern geben: keine Gewalt, keine Belästigung von Streikbrechern, keine Annahme von Almosen, Verpflichtung zu ausschließlich ehrlicher Arbeit und Standhaftigkeit um jeden Preis. Typisch war ferner die Ablegung eines Gelübdes auf Solidarität und uneingeschränktes Engagement.

Das Verhältnis zwischen Gandhi und den Arbeitern entwickelte sich nicht spannungsfrei, zum einen, weil einige auf Kompromissangebote der Fabrikanten einzugehen bereit waren, zum anderen, weil man Gandhi und seiner Entourage vorwarf, es sich selber gut gehen zu lassen und Umgang mit den Unternehmern zu pflegen. Erstmals nun setzte Gandhi das Mittel des Fastens in der Öffentlichkeit ein, um die Kontrahenten zu einer Einigung zu bringen. In Südafrika hatte er in »Phoenix« und »Tolstoi« dieses Instrument nur benutzt, um interne Disziplinprobleme zu lösen. Gandhis Fastenaktion in Ahmedabad, die am 15. März begann, zwang die Fabrikbesitzer bereits nach drei Tagen, ein ursprüngliches Kompromissangebot Gandhis zu akzeptieren, das eine Lohnerhöhung von 35 Prozent vorsah. Angst vor dem Tod Gandhis und vor möglichen Racheaktionen mochte ihr Einlenken bestimmt haben. Insofern tauchte bereits hier die später immer wieder diskutierte Frage auf, ob Gandhis striktes Postulat der Gewaltfreiheit nicht durch den Nötigungs-Charakter seines Fastens unterlaufen wurde.

In gewisser Weise hatte der Industriekonflikt von Ahmedabad eine negative Folge für das künftige Wirken Gandhis. Er zeigte kein Interesse mehr an ähnlichen Streitfällen, und als Textilarbeiter in Madras im März 1919 seinen Rat erbaten, schlug er ihnen vor, mit dem Trinken und Spielen aufzuhören und die Industriearbeit zu Gunsten des Handspinnens aufzugeben. Insgesamt überzeugte der Streik von Ahmedabad Gandhi, dass er bei den Bauern besser aufgehoben sei, sie als Basis für den nationalen Kampf besser als das Proletariat der Städte geeignet seien. Außerdem: Ein *satyagraha* würde künftig nur noch angesetzt, wenn er selber es für opportun hielt.

Champaran, Kaira, Ahmedabad – diese drei Schauplätze einigermaßen erfolgreicher *satyagrahas* machten aus dem legendären Vorkämpfer für die Sache der Inder in Südafrika innerhalb recht kurzer Zeit einen indischen Nationalhelden, an dem künftig weder die im Lande herrschenden Briten noch der betuliche Kongress mit seinen patriarchalischen Führungsfiguren vorbei kommen würden.

Der Erste Weltkrieg bewirkte einen starken Aufschwung des indischen Nationalismus. Der indische Beitrag zur britischen Kriegsführung war beachtlich, auch wenn Südasien direkt kaum betroffen war. Mehr als eine Million Inder kämpften und starben in Frankreich, Ostafrika und im Nahen Osten, indische Fürsten spendeten Geld für Hospitalschiffe und die Industrie produzierte Munition und Ausrüstung. Angesichts dieser Unterstützung überrascht es nicht, dass indische Politiker mehr Eigenverantwortlichkeit für Indien forderten, vergleichbar etwa dem Dominion-Status von Australien, Kanada, Neuseeland und, seit 1910, auch von Südafrika. Obwohl Indien seit 1861 auf zentraler und seit 1892 auf Provinzebene eigene Gesetzgebungsräte zugestanden worden waren, besaßen diese doch nur begrenzte Macht. Im Dezember 1911 war die sechs Jahre zuvor beschlossene und heftig umstrittene Teilung Bengalens rück-

gängig gemacht worden, allerdings um den Preis der Schaffung der beiden eigenständigen Provinzen Assam und Bihar.
Gegen Ende des Ersten Weltkrieges ersetzte Neu-Delhi
Kalkutta als Hauptstadt Indiens, das den Briten als Hochburg nationalistischer Unruhestiftung galt. Diese Reformen
brachten ihnen jedoch kaum eine Atempause, denn der INC,
in dem 1915/16 Extremisten und Gemäßigte vereint auftra-
ten, forderte jetzt größere Selbstständigkeit – darin auch
unterstützt von der Muslim Liga. Die indischen Muslime taten sich mit der Hilfe für England im Krieg insofern besonders schwer, als die islamische Türkei damit ebenfalls
Feindstaat war und so auch der Sultan, der wiederum als Kalif in Personalunion als Oberhaupt aller Muslime der Erde
fungierte. Auf dem Kongress in Lucknow vom Dezember
1916, der den Ausgangspunkt für Gandhis Mission in Champaran gebildet hatte, einigten sich der INC und die Muslim
Liga auf die gemeinsame Forderung nach dem Dominion-
Status. Fast gleichzeitig, im August/September 1916, gründeten der INC-Veteran Tilak und Annie Besant ihre Home
Rule Liga für größere Autonomie und machten dafür publi-
zistisch Druck.

Angesichts des sich hinziehenden Krieges in Europa
wuchs in England die Sorge über die indische Unterstützung. Im Jahre 1917 schien es, als sei London zu größeren
Zugeständnissen in Richtung auf *swaraj*, also auf Freiheit
Indiens im Sinne des begehrten Dominion-Status, bereit.
Entsprechende Verfassungsreformen bewegten sich jedoch
im Schneckentempo, und was schließlich 1919 im »India
Act« Gesetzeskraft erlangte, war eine Machtteilung auf Provinzebene, die sogenannte Dyarchie. Indische Minister sollten zur Hälfte die Regierungsverantwortung übernehmen,
allerdings nur in eher unbedeutenden Bereichen. Polizei-
und fiskalische Befugnisse blieben letztlich unter britischer
Kontrolle, und auch die Gouverneure behielten weiterhin
entscheidende Macht, etwa mit ihrem Vetorecht oder in der
Budgetmitsprache. In summa: Hoffnungen auf einen gründ-
lichen Verfassungswandel zerstoben einstweilen gründlich.

Gandhis Einstellung zum Krieg und gegenüber England erscheint ein wenig merkwürdig. Erneut entschied er sich für eine indische Unterstützung Großbritanniens mit der Begründung, die Inder als Untertanen der Krone müssten den bedrängten Briten in der Stunde der Not zur Seite stehen. Im April 1918 hatte er im Anschluss an eine Kriegskonferenz mit dem Vizekönig begonnen, Soldaten für die indische Armee zu werben. Naturgemäß staunten nicht wenige seiner Anhänger über diesen Schritt ihres Apostels der Gewaltlosigkeit. Und Gandhi hatte keinen großen Erfolg, interessanterweise selbst dort nicht, wo er kurz zuvor begeistert gefeiert worden war, nämlich in Kaira, in seiner Heimat Gujarat. Zu ausgeprägt war hier die antibritische Stimmung. Gegenüber dem Vizekönig hatte Gandhi übrigens die *satyagrahas* von Champaran und Kaira mit dem feinsinnigen Argument verteidigt, die Beseitigung von Bitterkeit unter den Bauern sei doch sicherlich ein wichtiger Beitrag zur britischen Kriegsführung. Gandhis umstandsloses Eintreten für die Unterstützung der Briten kontrastiert just zu dieser Zeit besonders drastisch mit einer Äußerung über den Charakter der künftigen Selbstständigkeit Indiens, wie er sie sich vorstellte. Tilak und Annie Besant, so Gandhi, erstrebten *swaraj* in einer Form, die Indien »fremd« sei, sie werde ein »westlicher Import« sein, mit einer modernen Armee und Schwerindustrie. »Ich spüre«, erklärte er demgegenüber, »dass Indiens Mission eine andere ist als die anderer Länder. Indien ist gewappnet für die religiöse Vorherrschaft in der Welt (und) hat wenig Verwendung für stählerne Waffen.« Andere Nationen »waren Verfechter nackter Gewalt … Indien kann alle mit der Kraft der Seele bezwingen.«

Auch wenn sich die Soldatenanwerbung als ein Schlag ins Wasser herausstellte und somit nichts beitrug zum Ziel der größeren Selbstständigkeit, so würde nach Gandhis Meinung wenigstens die Geste der Loyalität bei den Briten eine freundlichere Einstellung zu *swaraj* bewirken. Möglicherweise hatte er zu diesem Zeitpunkt kein zutreffendes Bild von der aufgewühlt antibritischen Stimmung im Lande einerseits und der Unbeweglichkeit Londons andererseits. Der eigentümliche Spannungszustand zwischen Aufbegehren gegen und Loyalität zu England drückte sich bei Gandhi in einer schweren gesundheitlichen Krise aus. Im November 1918 war er einem Nervenzusammenbruch nahe. Es war indes charakteristisch für Gandhi, dass er auch in dieser Notlage eisern zu seinen Prinzipien stand. Entsprechend einem früher abgelegten Eid lehnte er Kuhmilch als Heilmittel strikt ab. Seine Frau Kasturba hatte dann den rettenden Einfall, ihm Ziegenmilch zu verabreichen, die von dem Schwur nicht berührt war. Gandhi kam wieder auf die Beine und führte fortan selbst auf längeren Reisen häufig eine Ziege mit sich.

Es waren die Briten, die unfreiwillig dazu beitrugen, dass Gandhi aus seiner persönlichen Krise heraus fand. Zwar wurden für das Jahr 1920 durch den »Government of India Act« von 1919 Wahlen in Indien anberaumt, aber anstatt bei Kriegsende den Indern deutlich entgegenzukommen, entschieden sie sich dafür, aus der Kriegszeit herrührende Gesetze, die die bürgerlichen Freiheiten stark einschränkten, einfach beizubehalten. Benannt nach dem Richter Rowlatt, zielten die Rowlatt-Gesetze vom März 1919 zwar vordergründig darauf ab, »revolutionäre Verschwörungen« zu unterbinden, doch den meisten Indern war klar, dass hier ein Instrumentarium zu ihrer Unterdrückung auf unbestimmte Zeit geschmiedet werden sollte. »No charge, no trial, no appeal« – keine Anklage, kein Verfahren, keine Berufung – auf dieser Grundlage sollten auch künftig widerspenstige Inder aus dem Verkehr gezogen werden können.

Wenn die Rowlatt-Bestimmungen auch nie in Kraft traten, lösten sie doch unter den meisten indischen Politikern einen Sturm der Entrüstung aus. Gandhi ergriff dankbar den berühmten Zipfel des Mantels der Geschichte, um sich mit seiner Art des Protestes aus der unglücklichen Rolle des Rekrutierungsagenten der Briten zu befreien. Ganz im Einklang mit seinen Satyagraha-Grundsätzen informierte er den Vizekönig Ende Februar 1919 offen über seine Absicht, diesen und anderen ungerechten Gesetzen zu widerstehen. Zunächst versuchte er recht maßvoll durch den widerrechtlichen Verkauf seiner Schrift ›Hind Swaraj‹ und anderer Publikationen seinen Arrest zu erwirken, anschließend sammelte er im westlichen Indien sowie in Bombay Unterschriften für einen Satyagraha-Schwur. In Bombay gründete er eine *satyagraha-sabha*, eine Satyagraha-Gesellschaft, deren Mitgliederzahl rasch auf weit über Tausend wuchs. Dann beschloss er für den 30. März einen *hartal*, einen landesweiten Tag der Verweigerung, der jedoch auf den 6. April verschoben wurde. Er selber stürzte sich wie erlöst von den Monaten innerer Spannungen mit aller Kraft in die Aktion, die vor allem in den Städten mit geschlossenen Geschäften, Märschen, Umzügen und Prozessionen erfolgreich verlief. Auf dem Lande hingegen war das Echo eher lau, obwohl Gandhi dort wenige Jahre zuvor seinen Mythos hatte begründen können. Insgesamt fühlte sich in erster Linie die Mittelschicht von dem *hartal* angesprochen, Industriearbeiter in Bombay und Madras machten ebenfalls mit, während in manchen Städten Rabauken ihrem Frust gegen Politiker der Mittelschicht Luft machten.

Am stärksten spitzte sich die Situation in der nördlichen Punjab-Provinz zu, die seit jeher, so auch im Ersten Weltkrieg, bevorzugtes Rekrutierungsgebiet der indischen Armee unter britischer Führung gewesen war. Zusätzlich schürten wirtschaftliche Nöte die explosive Stimmung gegen die Briten, zu deren Niederhaltung der örtliche Vizegouverneur, Sir Michael O'Dwyer, das Kriegsrecht verhängt hatte. Unter den Punjabis war *satyagraha* eine ziemlich unbekannte Größe, und Journalisten wussten zu berichten, dass viele von ihnen nicht wussten, ob Gandhi eine »Person oder eine Sache« sei. Gleichwohl: Mehrere Tausend Männer, Frauen und Kinder versammelten sich am 13. April 1919 im Jallianwala Bagh, einem ummauerten Platz der Stadt Amritsar. Ohne Vorwarnung ließ Brigadegeneral Reginald Dyer wahllos in die Menge schießen, nach eigenen Worten wollte er mit dem viertelstündigen Dauerfeuer dem Punjab »eine

13 Britische Polizisten zwingen einen Inder, zu kriechen, Amritsar 1919

Lektion erteilen«. 379 Tote und etwa 1200 Verwundete forderte das Lehrstück. Das Massaker löste Schockwellen in ganz Indien aus, und es bildete zweifellos einen Wendepunkt in der Geschichte des indischen Nationalismus. Nach David Arnold hatte es die tatsächliche Gewalt der Briten in Indien zum Vorschein gebracht und zugleich ihre Verachtung für den friedlichen Protest bewiesen. Sie gossen wenig später zusätzlich Öl ins Feuer, als ein »Kriechbefehl« Inder in einer bestimmten Straße Amritsars zwang, auf allen Vieren zu kriechen, nachdem dort eine britische Lehrerin attackiert worden war.

Dyer musste zwar seinen Posten verlassen, daheim in Bristol wurde er jedoch als Held gefeiert. Er bekam ein kostbares Schwert geschenkt, und die Zeitung ›Morning Post‹ sammelte in einem Monat bei ihren Lesern 26 000 Pfund an Spenden für ihn.

Nach Amritsar war die Zeit der Mäßigung in Indien offenbar vorbei. Gandhi zeigte sich erschüttert und bekannte einen »Fehler von der Größe des Himalaya« begangen zu haben, als er das Rowlatt-Satyagraha auslöste. Am 18. April blies er die Kampagne ab und erlegte sich ein dreitägiges Bußfasten auf.

Aber auch für die Briten bedeutete das Massaker eine Zäsur. Ähnliches durfte sich nicht wiederholen, künftig musste vorsichtiger vorgegangen werden. Die Kontrolle der indischen Nationalbewegung oblag nun ganz überwiegend nicht mehr der Armee mit ihren indischstämmigen Soldaten, sondern der Polizei, den Gerichten und Gefängnissen. Parallel zu einem britischen Untersuchungsbericht über den Zwischenfall ließ der INC aus der Feder von Gandhi, Motilal Nehru und C. R. Das einen eigenen Bericht anfertigen. Die Briten kamen zu dem Schluss, Dyers Aktion sei letztlich gerechtfertigt gewesen, um die Unruhe im Punjab einzudämmen, der Kongress hingegen nannte dies »weißwaschen« und gab allein den Briten die Schuld an dem Massaker. Amritsar und die offizielle britische Lesart des Massakers scheinen für Gandhi eine Art Wasserscheide für sein Verhältnis zu England gewesen zu sein. Hatte er sich bis dahin trotz aller Kritik letztlich immer loyal an die Seite der Krone gestellt, erklärte er dem Vizekönig jetzt, er könne nunmehr weder Respekt noch Zuneigung für die Kolonialregierung empfinden. Wenige Monate später machte er in drei grundlegenden Artikeln Aufruhr zur »Pflicht« und verlangte ein Ende der britischen Herrschaft.

Zusätzlich zu Amritsar zeichnete sich nach dem Ende des Ersten Weltkrieges noch ein weiteres Problem ab. Dabei ging es um die Zukunft des Kalifats in der Türkei, das für die Muslime in aller Welt von großer Bedeutung war. Briten und Franzosen als Sieger über das geschlagene Osmanische Reich waren sich darin einig, dessen Konkursmasse untereinander aufzuteilen, wie es dann der Vertrag von Sèvres vom Mai 1920 auch vollzog. Darin aber sahen die Muslime vielfach eine Bedrohung des Sultans in seiner gleichzeitigen Eigenschaft als Kalif und damit ihres geistlichen Herrschers. In Indien gründeten die Brüder Muhammad und Shaukat Ali das Central Khilafat Committee zur Verteidigung des Kalifats. Nun trat Gandhi auf den Plan. In einer auf Urdu, der Sprache vieler nordindischer Muslime, gehaltenen Rede auf der ersten allindischen Konferenz des Komitees erklärte er seine Unterstützung für das Kalifat. An die indische Regierung erging die Forderung nach Unterstützung dieser Institution sowie nach Garantien für den Status der heiligen Stätten von Mekka und Medina, die ebenfalls auf ehemals osmanischem Boden lagen. Gandhi sah hier eine günstige Chance, zusammen mit dem Amritsar-Protest und der Kalifatsfrage eine Art Doppelbewegung in Gang zu setzen, auch wenn er sich nach außen bemühte, beides strikt auseinanderzuhalten. Ziel war eine »Wiedergutmachung« seitens der Briten, und es sollte, wenn dies nicht gelang, die massenhafte Unzufriedenheit der Inder genutzt werden, um in recht überschaubarer Zeit *swaraj* zu erzwingen.

Gandhis Entscheidung zu Gunsten der Kalifat-Bewegung, die im Übrigen spätestens mit der Abschaffung des Kalifats durch die Türken unter Mustafa Kemal Atatürk im Jahre 1924 ins Leere lief, bleibt eine der umstrittensten seiner Karriere. Manche Autoren sehen in ihr ein gekonntes Manöver, mit dem er die aufbrandende Gewalt nach Amritsar zu dämpfen suchte. Immerhin nahm das Khilafat-Committee im Mai 1920 sein gewaltfreies Programm der Nichtzusammenarbeit an. Gandhis Aktion ist aber auch »bizarr« genannt worden, eine Verlegenheitssache, Ausdruck von Zynismus und Opportunismus allein mit dem Ziel, Unterstützung für sich und langfristig die Kongressführung zu gewinnen. Sie war zugleich zweischneidig, weil sie die Loyalität der indischen Muslime zum Islam stärkte und im selben Moment ihre Identifikation mit der gesamtindischen Freiheitsbewegung schwächen konnte. Abgesehen davon, dass das Eintreten für das Kalifat nach Auffassung ausgerechnet des Muslim-Führers Jinnah historisch überholt, ja reaktionär war – und Atatürk sollte ihn eindrucksvoll bestätigen –, spiegelte es auch eine hochriskante Strategie, die Gandhi vielleicht später, beim Auseinanderbrechen Britisch-Indiens in ein islamisches Pakistan und ein überwiegend hinduistisches Indien tief bereut haben könnte.

Aber zunächst einmal war es eine erstaunlich erfolgreiche Aktion, die die Herzen der aufgewühlten Massen ebenso ansprach wie sie eine Antwort auf die zaudernden Gemäßigten bildete. Gandhi kam in dieser Phase die nachlassende Popularität Annie Besants zu Gute, darüber hinaus öffnete ihm der plötzliche Tod Tilaks im Juli 1920 den Weg ins Zentrum der indischen Nationalbewegung. Nach seinem Beinahe-Zusammenbruch im November 1918 entwickelte er sich im Jahre 1920 zu einem wahren Wirbelwind an Energie. Seit Mitte 1919 gab er die Zeitung ›Young India‹ heraus, um seinen Ansichten zu weiterer Verbreitung zu verhelfen.

Im September 1920 hielt er die Zeit für reif, eine umfassende Kampagne der Nichtzusammenarbeit im ganzen Land zu starten. Jetzt zahlte sich die Khilafat-Unterstützung aus, denn im Kongress gelang es ihm mit Mitgliedern dieser Bewegung, eine starke Opposition innerhalb des Kongresses zu überwinden und auf der ordentlichen Sitzung des Kongresses in Nagpur im Dezember auch die Zustimmung gemäßigter Kräfte für sein entschlossenes Programm zu gewinnen. Hier im zentralindischen Nagpur präsentierte Gandhi sich als unangefochtener Führer der Unabhängigkeitsbewegung, hier war es auch, wo er die Umwandlung des Kongresses von einem eher exklusiven Klub Intellektueller und sonstiger Würdenträger in eine echte politische Partei mit einer Massenbasis und dauerhaften legislativen Strukturen in Angriff nahm.

Der Kongress erklärte *swaraj* »mit allen legitimen und friedlichen Mitteln« erstreben zu wollen, und Gandhi ließ sich von der allgemeinen Euphorie zu dem berühmten Satz hinreißen, »*swaraj*« werde innerhalb »eines Jahres« erreicht

Im Jahre 1921 saß Ruttie Jinnah auf einem Bankett in Delhi neben Vizekönig Lord Reading, der klagte, dass er in der Atmosphäre nach dem Ersten Weltkrieg nicht so leicht Deutschland besuchen könne. »Aber warum«, fragte Ruttie Jinnah sei das so schwierig? »Tja«, erläuterte Reading, »die Deutschen mögen uns Engländer nicht so recht. Ich kann nicht hinfahren«. »Und wieso« fragte sie ruhig, »seid ihr Engländer dann nach Indien gekommen?«

L. Collins und D. Lapierre, Gandhi, S. 496

sein. Abgesehen von der recht kühnen Terminierung dieses Zieles lag ein schwerwiegendes Problem in der Definition von *swaraj*: Für die meisten Kongressmitglieder war damit politische Selbstständigkeit gegenüber England gemeint, wenn auch nicht völlige Unabhängigkeit. Für Gandhi dagegen war immer klar gewesen, dass *swaraj* weit mehr bedeutete, ihm ging es um die tiefgreifende Umerziehung seines Volkes, um die wertemäßige Loslösung Indiens vom Westen, um die individuelle Selbstkontrolle und das Selbstvertrauen seiner Landsleute. Fürwahr, für sich genommen war dies schon ein gigantisches Programm, aber zusammen mit der politischen Selbstständigkeit ein Vorhaben, das Gandhi und das Riesenland überfordert haben dürfte.

Nicht nur *swaraj*, auch andere Forderungen des Nagpur-Kongresses trugen deutlich Gandhis Handschrift. Der Kampf gegen die Unberührbarkeit wurde ebenso auf die Tagesordnung gesetzt wie die Förderung von *khadi*, dem handgesponnenen Stoff aus heimischer Baumwolle.

Unter der Parole der Nicht-Zusammenarbeit sah sich Indien in den Jahren 1920–1922 »erschüttert von einem Crescendo aus *satyagrahas*, *swadeshi*-Boykotts, Streiks, Unruhen und organisiertem Protest, wie Indien es noch nie zuvor erlebt hatte«, so John Keay. Tausende Inder stellten ihre öffentlichen Ämter zur Verfügung und gaben ihnen verliehene Auszeichnungen zurück. Schulen, die öffentliche Verwaltung, das Gerichtswesen und gesetzgebende Körperschaften wurden lahmgelegt. An verschiedenen Orten entstanden private Schulen, und autonome Schlichtungsstellen legten außergerichtlich Streitfälle bei. Als bedeutsam erwies sich insbesondere Gandhis Aufruf zum Boykott der Wahlen, die der »Government of India Act« für den Winter 1920 vorsah. Wenn der Boykott auch nicht überall befolgt wurde, traten doch immerhin alle Kandidaten des Kongresses zurück, überließen damit anderen Konkurrenten Posten und Ämter und sahen sich damit auf Gedeih und Verderb dem Erfolg von Gandhis Nichtzusammenarbeitskampagne ausgeliefert. Gandhi selber begann die Kampagne, indem er dem Vize-

könig die Kaiser-i-Hind-Medaille zurückgab, die er einst in
Südafrika für seine Verdienste auf Seiten der Briten erhalten
hatte.

Ein anderer Boykott richtete sich gegen Englands Wirtschaft. Britische Importgüter, vor allem aber Textilien, sollten die Inder nicht mehr kaufen. Gandhi beschloss, für sich
nur noch *khadi* zu benutzen, und seit 1921 machte seine Kleidung einen wichtigen Teil seines Bildes in der Welt aus:
Dhoti, eine weiße Tuchbahn in der Art kurzer Hosen schlang
sich nun um seine Hüften, darüber trug er ein weißes Laken
und an den Füßen schlichte Sandalen. Damit gehörte sein
westlicher Kleidungsstil endgültig der Vergangenheit an. Im
selben Jahr legte er einen Eid ab, wonach er jeden Tag Zeit
mit dem Handspinnen zubringen werde. Zuvor hatte ihm
eine ältere Witwe mit großer Freude ein Spinnrad geschenkt,
das sie in einem Dorf aufgetrieben hatte. Der Boykott britischer Waren erreichte seinen realen wie symbolischen Höhepunkt Ende Juli 1921, als Gandhi die Verbrennung eines
riesigen Stapels englischen Stoffes in Bombay leitete.

Der Vizekönig wie auch die indische Regierung zeigten
sich überrascht von der Kampagne der Nichtzusammenarbeit, deren Wirksamkeit und Anklang in der Bevölkerung
sie unterschätzt hatten. Sie griffen zunächst zu verschiedenen Repressalien, die aber vor allem die Spannungen weiter
erhöhten. Verhaftungen und Sammelanklagen nahmen zu,
insbesondere im Gefolge des Indienbesuches des Prince of
Wales im November 1921. Bombay grüßte ihn mit einem *hartal* des Protestes, gefolgt von gewalttätigen Unruhen, bei
denen innerhalb von zwei Tagen 58 Hindus, Muslime und
Parsen ihr Leben verloren. Im frühen Jahr 1922 saßen in indischen Gefängnissen nahezu 30 000 Verweigerer der Zusammenarbeit ein, unter ihnen Vater und Sohn Nehru, die Ge-
brüder Muhammad und Shaukat Ali sowie C.R. Das. Wie
bereits im Jahre 1919 sah sich ganz Indien von Gewalt über-
zogen, die Gandhi und seine Anhänger nicht mehr zu kontrollieren in der Lage waren. Und wieder war es eine Gewalt-
episode, die ihn die Kampagne abbrechen ließ.

Anfang 1922 hatte Gandhi zögernd eingewilligt, die Nicht-zusammenarbeit durch eine Kampagne des bürgerlichen (zivilen) Ungehorsams weiterzutreiben, d. h. massenhaft staatliche Gesetze und Verordnungen bewusst zu brechen. Ort des Geschehens war Bardoli im Surat-Distrikt seiner Heimat Gujarat, Gegenstand die Weigerung, als ungerecht empfundene Steuern zu zahlen. Wie immer setzte Gandhi den Vizekönig von seinem Vorhaben in Kenntnis. Doch das *satyagraha* von Bardoli erstickte bereits im Keim. Am 4. Februar 1922 kam es zu einem schweren Zwischenfall in Chauri Chaura in

Gandhi trieb 1922 also zum erstenmal offenen Verrat an den Interessen seines Landes. Er verriet die indische revolutionäre Bewegung auf ihrem Höhepunkt von 1922 … So ist die Rolle, die Gandhi als Agent der indischen Großbourgeoisie und des indischen Großgrundbesitzes in der revolutionären Arbeiter- und Bauernbewegung Indiens spielte, der Rolle gegenüberzustellen, die Ebert und Scheidemann, Noske und Legien im November 1918 und im Frühjahr 1919 bei uns spielten. Sie gingen Bündnisse mit Hindenburg und Stinnes ein und ließen Rosa Luxemburg und Karl Liebknecht ermorden, ließen auf die Berliner Arbeiter schießen, München von ihren Landsknechten erobern, die Ruhrarbeiter 1920 durch Severing betrügen und setzten 1923 gegen Thälmann und die Hamburger und mitteldeutschen Arbeiter die Reichswehr ein.

Der Gandhismus ist aber nicht etwa die Lehre der Sozialdemokratie. Gandhi knüpfte vielmehr an altindische Ruhe-Philosophen an, an Asketismus, Fasten und Spinnen, an die Heiligkeit der Kuh und die Kastenordnung. Aber seine Rolle war, im Interesse der Bourgeoisie und Großgrundbesitzer die revolutionären Kämpfe abzuwürgen, und das war ähnlich der Rolle der rechten sozialdemokratischen Führer bei uns, denn ohne solche Agenten war nach der Oktoberrevolution die ausgebeutete Arbeiter- und Bauernklasse in Indien und Deutschland nicht zu bändigen. Diese Periode der revolutionären Nachkriegskrise währte übrigens in Indien und Deutschland annähernd gleich lange.

Der DDR-Indologe Walter Ruben aus stalinistischer Sicht über Gandhis Abbruch des satyagraha *nach den Vorfällen von Chauri Chaura 1922, zitiert nach: Walter Leifer, Indien und die Deutschen, S. 334f.*

den United Provinces. Hier hatten Gruppen von Bauern, die sich von einigen Polizisten provoziert und angegriffen sahen, die örtliche Polizeistation in Brand gesteckt und 22 aus dem Gebäude fliehende Beamte buchstäblich zu Tode gehackt. Kaum eine Woche später brach Gandhi zur Enttäuschung vieler seiner Anhänger die Kampagne der Nichtzusammenarbeit ab. Die Entscheidung aus diesem Anlass bleibt bis heute ein wenig mysteriös, denn Gewaltausbrüche hatte es zuvor auch andernorts reichlich gegeben. Gandhi erklärte jedoch, Gott habe ihn abermals gewarnt, dass Indien noch nicht reif für echte Gewaltfreiheit sei, die allein den Massenungehorsam rechtfertigen könne. Bürgerlicher Ungehorsam müsse bescheiden und demütig, klug, scharfsinnig und liebend vorgetragen werden, jedoch niemals kriminell und brutal. Am 16. Februar schrieb er in ›Young India‹: »Es ist tatsächlich eine Million Mal besser vor der Welt untreu zu erscheinen als vor uns selber untreu zu sein.« Aus der Rückschau hat Gandhis eigenmächtiger Abbruch des *satyagraha* geradezu etwas Menetekelhaftes: Die schließliche Freiheit Indiens im Jahre 1947 war nur um den fürchterlichen Preis der blutigen Teilung des Subkontinentes in die Staaten Pakistan und Indien zu haben gewesen, begleitet von einem unvorstellbaren Morden zwischen Hindus, Muslimen und Sikhs. Muslime warfen Gandhi nach Chauri Chaura immer wieder vor, dass er sie überhaupt nicht konsultiert habe, bevor er sich zum Abbruch der Kampagne durchrang. Nicht nur Gandhis späterer muslimischer Gegner Ali Jinnah beklagte immer wieder, Gandhi habe dadurch völlig einseitig das Hauptziel der Hindu-Muslim-Versöhnung aufgegeben – auch die Khilafat-Bewegung zu Gunsten der Muslime brach Gandhi nun einseitig ab – und sich stattdessen auf die Unabhängigkeit Indiens nach seinen Vorstellungen konzentriert. Muslimische Belange seien von ihm jahrelang sträflich vernachlässigt worden und, so Jinnahs schwerer Vorwurf im Jahre 1938, unter Gandhis maßgeblichem Einfluss sei der Indische Nationalkongress mehr und mehr in eine Hindu-Organisation umgewandelt worden.

Nur knapp einen Monat später wurde Gandhi verhaftet und vor dem Distriktgericht von Ahmedabad der Erregung von Feindschaft gegenüber seiner königlichen Majestät angeklagt. In der nur gut eineinhalbstündigen Verhandlung unternahm Gandhi nichts zu seiner Verteidigung, sondern forderte den Richter Broomfield auf, entsprechend den bestehenden Gesetzen auf die Höchststrafe zu erkennen. Er nutzte jedoch die Gelegenheit, den Anwesenden seinen langen Weg der Wandlung vom loyalen Untertan der Krone hin zu ihrem erklärten Gegner zu schildern. Er bot dem Richter die Stirn, indem er ihm die beiden einzigen Handlungsalternativen verdeutlichte: Entweder müsse Broomfield seinen Posten räumen, wenn er die Gesetze für schlecht halte, oder aber er müsse ihn zur höchstmöglichen Strafe verurteilen. Broomfield zeigte sich von dem unerschrockenen Auftreten des Angeklagten bewegt, begründete die Verhängung von sechs Jahren Haft damit, dass Jahre zuvor Tilak in einem ähnlichen Fall ebenfalls sechs Jahre bekommen habe. Gandhi gehöre offenbar, so Broomfield in einer persönlichen Bemerkung, zu einer anderen Kategorie Mensch als jener, mit der er es normalerweise zu tun habe. Und weiter: Sollten sich die Verhältnisse in Indien ändern, würde sich niemand mehr über eine Haftermäßigung freuen als er. Gandhi seinerseits zeigte sich erfreut, durch das Strafmaß auf eine Stufe mit Tilak gestellt zu werden, bedankte sich für die höfliche Behandlung und versicherte, angesichts der Schwere seines Vergehens hätte kein Richter eine mildere Strafe verhängen können. Nach Bhikhu Parekh stellte dieses Verfahren eine bemerkenswerte Episode der britischen Kolonialgeschichte dar, denn es verdeutlichte einerseits Gandhis Stil und Vorgehensweise, andererseits die Fähigkeit der britischen Herrschaft, anständig zu verhandeln und schließlich die ehrenhafte Art, mit der beide Kontrahenten miteinander umgingen.

Nach zwei Tagen wurde Gandhi in das Yeravda-Gefängnis von Poona verlegt, wo er die folgenden 23 Monate absaß. Dann musste er sich einer Blinddarmoperation unterziehen, in deren Folge er vorzeitig aus der Haft entlassen wurde.

Gandhi hat seine Haftzeiten fast immer als eine Art Zuflucht und das Gefängnis als Ort der Reflektion begriffen; es waren Gelegenheiten zum Schreiben, um Kräfte zu sammeln und Gedanken zu entwickeln. *Satyagrahis*, so seine Auffassung, sollten die Gefängniserfahrung nicht nur kennen, sondern sie lieben. Dank Gandhi wurde das Gefängnis zu einem mächtigen Symbol, und es soll Anhänger gegeben haben, die einen *satyagrahi* erst dann als einen echten anerkannten, wenn er mindestens 10 Jahre hinter Mauern verbracht hatte.

Mit der Inhaftierung Gandhis brach jedoch die Kampagne der Nichtzusammenarbeit zusammen, Richter gingen wieder ihrer Arbeit und Studenten ihren Studien an den etablierten Universitäten nach. Zugleich entflammten Gewaltausbrüche zwischen Muslimen und Hindus, tagtäglich kam es zu blutigen Zusammenstößen. Um Buße zu tun und auch um die verfeindeten Gruppen von der Buße zu überzeugen, begann Gandhi im September 1924 ein 21-tägiges Fasten im Hause seines Freundes Muhammad Ali. Als sich Vertreter beider Religionen an seinem Bett versammelten, kehrte zunächst einmal Ruhe ein. Insgesamt jedoch wuchsen die Spannungen zwischen Hindus und Muslimen allmählich immer weiter an, was wohl auch mit dem Umstand zusammenhing, dass sich mit dem Ende des Kalifats in der Türkei die indischen Muslime wieder verstärkt ihrer Interessen in Indien bewusst wurden.

Auch im Kongress herrschte zu dieser Zeit Streit. Der Flügel der sogenannten Swarajisten um C. R. Das und den älteren Nehru befürwortete die Teilnahme an den nächsten Wahlen und die Mitarbeit innerhalb des Systems, um durch »einen Marsch durch die Institutionen« allmählich das Land der Selbstständigkeit näherzubringen. Jawaharlal Nehru, Vallabhbhai Patel und andere galten als »no-changers«, die diesen Weg ablehnten und Gandhis Linie der Nichtzusammenarbeit treu blieben. Immerhin ließ sich Gandhi 1924 für das kommende Jahr zum ersten und einzigen Mal formell zum Präsidenten des Kongresses wählen. Mit der Gründung der Kommunistischen Partei Indiens im Jahre

1924 erwuchs dem Kongress eine neue Konkurrenz, die zwar nie bedrohliche Ausmaße annahm, die aber durch die Verbreitung marxistischen Gedankenguts Sympathien zu gewinnen vermochte. Nehru machte aus seinen Neigungen zur Sowjetunion kaum einen Hehl, und mit Subhas Chandra Bose schob sich ein weiterer ehrgeiziger und linksorientierter Nachwuchspolitiker auf die Bühne der indischen Politik. Nehru wie Bose fürchteten, dass die alten Führer des Kongresses von Massenbewegungen überholt werden und die Gewalt im Lande außer Kontrolle geraten könnte.

Wieder begann Gandhi ein Fasten, diesmal jedoch mehr für sich und die Erweiterung seiner Erfahrungen als für politische Zwecke. Am 3. Dezember 1925 begründete er dies in ›Young India‹ folgendermaßen: »Dieses Fasten hat nichts

Während des Sommers (1925) sollte eine Konferenz des YMCA in Helsinki … abgehalten werden, und Gandhiji war gedrängt worden, … teilzunehmen … Im Zuge der Reisevorbereitungen war bereits eine Ziege für die Schiffsreise vorgesehen worden … Gelegentlich, wenn ich zu Gandhiji gegen ein Uhr mittags kam, war er nicht bereit, mit der Arbeit zu beginnen, zog stattdessen eine Siesta vor, oder aber er ging in die »Bibliothek« mit der Bitte, einen Augenblick auf ihn zu warten. »Bibliothek« war der Name, den er der Toilette gegeben hatte – erstens, weil er darauf bestand, dass die Toilette so sauber wie eine Bibliothek zu sein hatte und zweitens, weil er dort tatsächlich eine Unmenge las. Er mochte es im Übrigen nicht, wenn andere es ihm darin gleichtaten … Um nun auf unsere Helsinki-Reise zurückzukommen: Eines Nachmittags bat er mich wieder, doch vor der »Bibliothek« auf ihn zu warten. Nach etwa einer halben Stunde kam er wieder und rief sofort nach Mahadev Desai und anderen Mitgliedern des Büros. »Ich habe soeben die innere Stimme in der Bibliothek gehört«, sagte er. »Sie sagte mir, dass es viel wichtige Arbeit hier für mich zu tun gäbe und dass ich das Land im Augenblick nicht verlassen sollte.« Die Entscheidung auf Grund des Diktats der inneren Stimme war unwiderruflich. Es gab keinen Raum für eine Debatte, noch versuchte irgendjemand zu argumentieren.

Chandrashanker Shukla, How some of his decisions were made, in: Incidents of Ghandhiji's Life, S. 305 f.

mit der Öffentlichkeit zu tun … Man sagt, ich sei öffentliches Eigentum. So sei es. Aber man muss mich mit all meinen Fehlern nehmen. Ich bin ein Sucher nach der Wahrheit. Meine Experimente halte ich für unendlich bedeutsamer als die bestausgerüsteten Himalaya-Expeditionen.« Nach dem Ende des Fastens zog er sich für ein Jahr aus der Politik zurück und übergab die Kongress-Präsidentschaft an die Dichterin Sarojini Naidu, die sich bereits seit längerem in seiner engsten Umgebung aufhielt. Sie erwies sich bei verschiedenen Gelegenheiten als überaus mutige *satyagrahi*, verlieh Gandhi die nur schwer kompatiblen Titel »Vater der Nation« und »Mickey Mouse« – wohl wegen seiner Physiognomie – und amtierte nach der Unabhängigkeit Indiens als erste Gouverneurin von Lucknow.

Das Jahr 1926 wurde zu einem Jahr der Stille im Leben Gandhis. Er zog sich aus der aktiven Politik zurück und widmete sich voll und ganz seinem »Konstruktiven Programm« zur sozialen Reform Indiens. Auf landesweiten Reisen unterstützte er die Sache der Unberührbaren, förderte den Gebrauch von *khadi* und gründete die All-India Spinners' Association. Gandhi bezeichnete die Unberührbaren als »harijan«, was üblicherweise mit »Kinder Gottes« übersetzt wird. Gandhis Kampf für die Abschaffung der Unberührbarkeit bedeutete indes zu keiner Zeit, dass er das indische Kastensystem an sich ablehnte. Für ihn waren die Kasten eben die indische Ausdrucksform sozialer Ungleichheit, die Schichten und Klassen in anderen Kulturen entsprachen. Die Unberührbaren jedoch seien nichts eigentlich Hinduistisches, sondern eine dringend korrekturbedürftige Fehlentwicklung. Doch hatte Gandhi gerade auch unter den Unberührbaren Gegner und ausgemachte Feinde. Bis heute publizieren Organisationen der Unberührbaren etwa in den USA in schier ohnmächtigem Zorn Pamphlete gegen den »Rassisten« Gandhi, der als Mitglied der Banias das Kastensystem aus wohl kalkuliertem Eigeninteresse habe erhalten wollen. Angeblich bedeute das Gujarati-Wort »harijan« »Bastard«, was Gandhi natürlich gewusst habe.

Fraglos aber vermochte Gandhi handgreifliche Verbesserungen für die Unberührbaren durchzusetzen, so zum Beispiel im südindischen Travancore, wo die Brahmanen aus
Angst vor der Verunreinigung durch den Schatten eines Unberührbaren dazu übergangen waren, die Ausgestoßenen
zum Tragen einer Glocke zu verpflichten. Somit waren sie
rechtzeitig vor der Nähe eines Unberührbaren gewarnt. In
zähen Verhandlungen mit der Regierung Travancores gelang es Gandhi 1925, zunächst drei Zugangswege zu einem
Tempel für alle öffnen zu lassen, und binnen eines Jahr-
zehnts waren hier alle Tempel den Unberührbaren zugänglich.

Gandhi regte auf seinen Reisen durch das Land Erzie-
hungsexperimente an und plädierte für strenge Normen
bei Gesundheit und Sauberkeit in den Dörfern. Mit Verve
kämpfte er gegen Alkoholismus, organisierte Kampagnen
gegen Kinderheiraten und unterstützte Aktivitäten für
Frauenrechte in Familie und Gesellschaft. Stück für Stück
zimmerte Gandhi über die kommenden Jahre hinweg auf
diese Weise ein soziales Projekt, das dem Kongress zur ver-
bindlichen programmatischen Annahme vorgelegt werden
sollte. Wie immer war der Dreh- und Angelpunkt aller Über-
legungen der Gedanke, dass dem Kampf um politische Unabhängigkeit zunächst ein gründlicher kultureller und sozialer Wandel vorangehen müsse, wurzelnd in den breiten
Massen der indischen Bevölkerung.

Mit ganzer Kraft und wiederholt am Rande der totalen Erschöpfung stürzte sich Gandhi im Jahre 1927 wieder in das
politische Tagesgeschäft. Er hatte mitbekommen, dass jün-
gere und tatendurstige Talente im Begriff waren, »alten« Politikern seiner Generation den Rang abzulaufen. Erneut in
Bardoli, wo Gandhi sechs Jahre zuvor das Steuer-Satyagraha
abgebrochen hatte, startete er im Februar 1928 ein neues *satyagraha*, bei dem es darum ging, die 87 000 Köpfe zählende Bevölkerung gegen eine Anhebung der Steuerbemessungs-
grundlage zu unterstützen, die auf eine Steuererhöhung von
rund 22 Prozent hinauslief. Aus Gesundheitsgründen über-

ließ Gandhi die Leitung der Kampagne Vallabhbhai Patel,
der sie monatelang durchhielt. Trotz der Beschlagnahme von
Vieh, Land und Gerätschaften trieb Gandhi die Entwicklung
bis zur Ausrufung eines *hartal* am 12. Juni. Schließlich gab
die Regierung nach, weil sie Unruhen fürchtete. Alle konfis-
zierten Besitztümer wurden zurückerstattet, und die Steuer
wurde nicht erhöht. David Arnold erkennt in Bardoli jene
Art lokaler Satyagraha-Aktion, die deshalb so außerordentlich erfolgreich verlief, weil sie sich auf einen fest umrissenen Streitpunkt bei lokaler Begrenztheit konzentrierte. Es sei
ein »Lehrbuch-Satyagraha« gewesen, der erste vollständig
erfolgreiche, bürgerliche Ungehorsam im Namen der Bauern gegen die Briten. Obwohl überwiegend von Patel ange-
führt, galt allgemein doch Gandhi als der mächtige Drahtzie-
her der Aktion, die nach Jahren dürftiger Erfolge seinen
Ruhm wieder stärkte. Er schöpfte wieder Mut angesichts
kommender Machtproben: »Bardoli hat den Weg gezeigt«,
schrieb er, »und ihn geklärt. Swaraj liegt auf diesem Weg.«

Vizekönig Lord Irwin setzte Gandhi davon in Kenntnis,
dass 1928 eine Kommission unter der Leitung des liberal
orientierten Sir John Simon nach Indien kommen werde, um
die Fortentwicklung der Verfassungsfragen in Angriff zu
nehmen. Als die Kommission eintraf, entbrannte in Indien
einhelliger Zorn angesichts der Tatsache, dass ihr kein einziger Inder angehörte. Schwarze Flaggen wehten und Trans-
parente mit der Aufschrift »Simon go home« hießen die
Gäste willkommen. Für Irwin war diese Konfrontation geradezu tragisch, denn er stand den Wünschen der Inder vergleichsweise wohlwollend gegenüber, und er befürwortete
die Einberufung eines »Runden Tisches«, um mit den Indern
über die indischen Probleme zu reden.

Im April 1928 hatte Gandhi den Verlust eines außerordentlich wichtigen Mitarbeiters zu beklagen: Maganlal, der
schon in Südafrika nahezu unersetzlich gewesen war, starb
und hinterließ im Sabarmati-Ashram eine schmerzhafte
Lücke. Gandhi, der gelegentlich hervorhob, dass der Erfolg
von Bardoli nicht unwesentlich durch die Vorbereitung von

satyagrahis in dem Ashram möglich geworden war, küm-
merte sich nun eine Zeitlang intensiv um das Leben im
Ashram – zu intensiv vielleicht, denn er versuchte unerbitt-
lich, seine Vorstellungen vom besitzlosen Leben, strengen
Speisevorschriften und sexueller Enthaltsamkeit auch unter
Eheleuten durchzusetzen. Seinem hochgeachteten Privat-
sekretär Mahadev Desai nahm er heimlich gesparte 4000 Ru-
pien ab, und selbst Maganlals Witwe verließ nach einem
Streit mit Gandhi den Ashram, sodass er ihr künftig eine
Rente zahlen musste.

Der Sabarmati-Ashram war seit 1925 auch die Heimat von
Mirabehn (behn, dt.: Schwester), der vielleicht glühendsten
Gandhi-Verehrerin überhaupt. Als Tochter eines britischen
Admirals war Madeline Slade durch Vermittlung des frühen
Gandhi-Biografen Romain Rolland – beide verehrten sie
Beethoven – in den Ashram gekommen, den sie, so der Mira-
behn-Kenner Sudhir Kakar, nicht nur als idyllischen Ort,
sondern auch als zänkisches Dorf kennenlernte, in dem sich
vor allem viele Ehefrauen mit ihren Kindern nur widerstrebend dem Regiment ihrer Ehemänner und des Mahatmas
beugten. Über Mirabehns Verhältnis zu Gandhi ist viel spekuliert worden, wozu natürlich sein Brahmacharya-Gelübde
von 1906 reichlich Nahrung bot. Zweifellos aber stellte sie für
Gandhi eine außerordentliche und nimmermüde Hilfe in
unzähligen Alltagsituationen sowie auf seinen Reisen dar. So
zum Beispiel, wenn sich der Mahatma der leidenschaftlichen
Exkrementanalyse von Syam, einem jugendlichen Unberührbaren im Ashram, widmete. Denn, so hatte er in einem
Brief geschrieben, die Lieblingsrolle des Naturheilers und
dabei den Methoden der Schulmedizin trotzend, sei ihm
ebenso wichtig wie jene des Freiheitskämpfers für Indien.

In Indiens Freiheitskampf bildete die Jahreswende 1929/30
einen dramatischen Scheitelpunkt. Die Hoffnungen der indischen Nationalisten auf Gewährung des Dominion-Status
waren in den vergangenen Monaten geschwunden. Auf seiner regulären Sitzung in Lahore im Dezember 1929 konnte
der Kongress nur die Realitäten anerkennen. Moderate Füh-

rer verloren an Einfluss, dafür wurde erstmals und mit Unterstützung Gandhis Jawaharlal Nehru zum Präsidenten gewählt. In Lahore nahm der Kongress ein Dokument an, in dem nun völlige Unabhängigkeit – *purna swaraj* – mit Hilfe einer allumfassenden Bewegung gefordert wurde, und er kündigte eine neue bürgerliche Ungehorsamsbewegung an. Der Schwur auf *purna swaraj* bis zum Jahresende 1930 erfolgte am 26. Januar, weshalb dieses Datum bis heute als »Tag der Republik« ein Gedenktag in Indien ist.

Der Kongress legte die Bewegung auf die Schultern Gandhis, womit er nun im Alter von 60 Jahren den Zenith seiner Macht erreichte. In ›Young India‹ erhob er elf Forderungen gegenüber dem Vizekönig. So verlangte er u.a. die Reduzierung der Landsteuer, die Halbierung des Wehretats, die Abschaffung der Salzsteuer, die Befreiung politischer Gefangener sowie ein Alkoholverbot. Sollte die Regierung die Forderungen erfüllen, würde der Kongress auf den Dominion-Status verzichten und der bürgerliche Ungehorsam beendet. Auf die irritierten Rückfragen von Kongressmitgliedern, wie dies mit der Forderung nach Unabhängigkeit zu vereinbaren sei, antwortete Gandhi recht hemdsärmelig mit einem Wort des amerikanischen Philosophen Ralph Waldo Emerson, wonach Stimmigkeit der Kobold des Kleingeistes sei. Gandhi rechnete nicht mit der Annahme der Forderungen durch die Regierung, sie sollten vor allem deren Reaktion und die der Massen testen.

Erwartungsgemäß erteilte die Regierung den elf Punkten eine Absage, woraufhin Gandhi sich auf die Suche nach einer geeigneten Aktion des zivilen Ungehorsams machte. Angesichts der Purna-swaraj-Erklärung von Lahore sah sich Gandhi selber unter enormem Druck. Einem alten Freund aus südafrikanischen Tagen, dem britischen Missionar Charlie Freer Andrews, schrieb er damals: Still herumzusitzen sei dumm, wenn nicht feige. »Ich habe mich entschlossen, die größten Risiken einzugehen … Lahore hat mir alles enthüllt. Die Natur der Aktion ist mir noch nicht klar. Es muss ziviler Ungehorsam sein. Wie sie vonstatten gehen soll, und wer außer mir daran teilnimmt, weiß ich noch nicht so recht. Aber das glänzende Tuch über der Wahrheit wird Tag für Tag dünner und zerreißt jetzt.«

Gandhi schrieb Tagore über seine Gedankenqualen, die ihm Tag und Nacht zusetzten. Dann endlich glaubte er, eine treffende Aktion ausgemacht zu haben, und er entschied sich für die Brechung des britischen Salzmonopols.

Salz bildete in Indien wegen der enormen Hitze seit alters her ein wichtiges Lebensmittel, und die unterschiedlichsten Herrscher, von den Moguln angefangen, hatten auf den Handel mit Salz eine Steuer erhoben. Über die East India Company, die Vorläuferin der britischen Herrschaft in Indien, war die Salzsteuer dann auf die britische *raj* übergegangen. Mit nur vier Prozent aller indischen Staatseinnahmen war ihre Bedeutung nicht eben umwerfend, aber ihre Anwendung war außerordentlich weit verbreitet, weil jedermann Salz zu sich nahm. Und die Salzsteuer war verhasst. Gandhi erklärte: »Es gibt außer Salz keinen Artikel, das Wasser ausgenommen, durch dessen Besteuerung der Staat selbst die verhungernden Millionen, die Kranken, die Verkrüppelten und die total Hilflosen erreichen kann. Die Steuer bildet daher die unmenschlichste Kopfsteuer, die sich die menschliche Erfindungsgabe ausdenken kann.« Nach Judith Brown stellte Gandhis Griff nach der Salzsteuer eine »einsam geniale Wahl« dar, denn sie war gesetzlich geschützt, und die massenhafte Brechung dieses Gesetzes musste massenhafte Bestrafungen nach sich ziehen. Ähnlich wie bei dem letzten, erfolgreichen Bardoli-Satyagraha von 1928 war auch für das Salz-Satyagraha typisch und erfolgversprechend, dass es sich um einen fest umrissenen, begrenzten und moralisch aufgeladenen Gegenstand handelte.

Während in Gandhis nächster Umgebung zunächst keine Begeisterung für die Salz- Entscheidung erkennbar war, und auch die Briten wenig Aufregung an den Tag legten, hatte der Mahatma den hohen Symbolgehalt exakt erfasst. Und bei all seiner Kritik an den Errungenschaften der westlichen Zivilisation: Gandhi nutzte nun erstmals bewusst die Medienwirksamkeit seiner Aktion, nur zu gern sah er Journalisten selbst aus Übersee in seiner nächsten Nähe, welche die Welt mit Hilfe moderner Kommunikationsmittel über den Kampf der Inder gegen das Empire auf dem Laufenden hielten. Unter ihnen befand sich auch der Amerikaner William L. Shirer, der Jahre später für seine Reportagen über die NSDAP-Parteitage in Nürnberg viel Beachtung fand.

Am 12. März 1930 verließ Gandhi in Begleitung von 78 weiteren *satyagrahis* den Sabarmati-Ashram in Richtung Dandi, einen rund 400 km südlich gelegenen Ort am Arabischen Meer. Der jüngste Teilnehmer dieses »Salzmarsches« war 16, während Gandhi als ältester 61 Jahre zählte. Frauen wollte Gandhi eigentlich nicht dabei haben, weil er die Briten nicht in Verlegenheit bringen wollte, sollte es zu tätlichen Auseinandersetzungen kommen. Ungeachtet dessen reihten sich jedoch zahlreiche Frauen aus Gandhis nächster Umgebung in den Marsch ein. Große Menschentrauben säumten den Weg der Marschierer, immer wieder schlossen sich kleinere Gruppen auf Teilstrecken an. Am 6. April war es endlich so weit: Demonstrativ nahm Gandhi eine Handvoll Salz am Strand von Dandi, brach damit das Gesetz und entfesselte

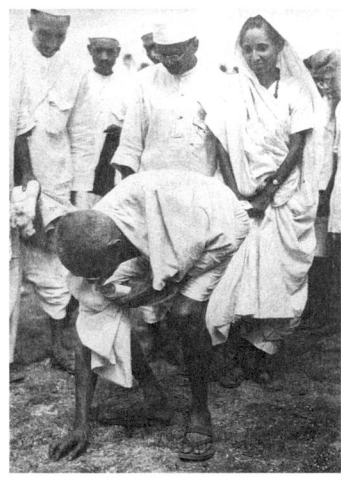

14 Gandhi auf dem Salzmarsch, Dandi, 6. April 1930

die spektakulärste Aktion des zivilen Ungehorsams in der Geschichte des indischen Freiheitskampfes. Zigtausende taten es ihm in den folgenden Monaten im ganzen Land gleich.

Die Briten hatten zunächst in Erwartung eines Fehlschlages abseits gestanden, aber als die indischen Massen dem Beispiel Gandhis folgten und darüber hinaus zunehmend britische Waren boykottiert und Regierungsposten verlassen wurden, schlugen sie zurück. Über 100 Menschen wurden von der Polizei getötet und zwischen März und Mai 1930 weit über 60 000 verhaftet. Nicht selten wurden gewöhnliche Kriminelle aus den Gefängnissen entlassen, um Platz für die *satyagrahis* zu schaffen. Unter den Verhafteten befand sich die Kongress-Elite, Nehru, der Sekretär Gandhis, Mahadev Desai, Gandhis Sohn Devadas sowie seit dem 5. Mai der Spiritus Rector selber. Im Yeravda-Gefängnis von Poona nutzte er wieder »die Gastfreundschaft von König und Kaiser«, wie er seine Haftzeiten einmal charakterisierte, und schrieb wöchentlich Briefe an den Sabarmati-Ashram, in denen er sich unermüdlich um die richtige Lebensweise seiner *satyagrahis* sorgte, keineswegs beschäftigte ihn nur die Ungehorsamskampagne.

Weltweite Aufmerksamkeit erregte der nun von Sarojini Naidu geführte Marsch von rund 2000 *satyagrahis* auf das Salzdepot von Dharasana, der von dem amerikanischen Journalisten Webb Miller begleitet wurde und dessen engagierte Berichte weit über 1000 Zeitungen rund um den Globus abdruckten. Auf Grund seiner langjährigen Berufserfahrung durchaus hartgesotten, zeigte sich Miller entsetzt über die Brutalität, mit der die zum Schutz des Depots abkommandierten Polizisten die friedlichen *satyagrahis* niederknüppelten und dabei zwei von ihnen töteten.

Vizekönig Lord Irwin, der spätere Earl of Halifax, setzte jedoch nicht ausschließlich auf Unterdrückung. Er versuchte mit den führenden Kongress-Mitgliedern ins Gespräch zu kommen und sie zu einer Teilnahme an einem »Runden Tisch« über die Zukunft Indiens in London noch im selben Jahr zu bewegen. Seine Bemühungen blieben erfolglos, auch deshalb, weil fast die ganze Kongress-Führung inhaftiert war. So fand die Londoner Konferenz zwar statt, aber sie verlief ergebnislos, was angesichts des Fehlens von Kongress-Vertretern nicht weiter erstaunte. Ein »Runder Tisch« ohne Kongress-Beteiligung, sei, meinte Gandhi, »wie Hamlet ohne den Prinzen von Dänemark«.

Als eine Geste der Versöhnung entließ Irwin Gandhi und die Mitglieder der Kongress-Führung am Unabhängigkeitstag, also am 26. Januar 1931, aus der Haft. In der britischen Umgebung Irwins war die Geste nicht gerade populär, aber der Vizekönig wollte den Dialog wieder eröffnen. Und Gandhi nahm den Ball auf.

Zwischen dem 17. Februar und dem 4. März trafen sich die beiden Männer insgesamt acht Mal. Indem Gandhi als einziger Kongress-Repräsentant auf Augenhöhe dem höchsten Vertreter der britischen Krone in Indien begegnete, signalisierte er damit zugleich den Moment seines wahrscheinlich größten Einflusses in der indischen Politik. Winston Churchill rümpfte in England verächtlich die Nase, als er von den Gesprächen Irwins mit dem »halbnackten Fakir« erfuhr. Mit Irwin saß Gandhi jedoch auch ein Widersacher gegenüber, wie ihn sich ein *satyagrahi* nur wünschen konnte: höflich und menschlich, aufgeschlossen und grundsätzlich Kompromissen nicht abgeneigt. Bedenkt man, dass es derselbe Irwin war, der nur wenige Jahre später als britischer Außenminister und »Erz-Appeaser« Hitler und seiner kriegstreiberischen Außenpolitk in Berchtesgaden sehr weit entgegenkam, könnte man auf einen Politiker mit eher bescheidenem Urteilsvermögen schließen. Doch die überlieferten Dokumente zeigen, dass Irwin Gandhi recht nüchtern beurteilte und ihm in erster Linie daran gelegen war, den Kongress von seinem Konfrontationskurs ab und wieder auf den Weg der Verfassungsberatungen zurückzubringen.

Das Ergebnis ihrer Unterredungen ist unter dem Namen Gandhi-Irwin-Pakt in die Geschichte eingegangen, wobei von einem Pakt im engeren Sinne sicher nicht die Rede sein konnte. Zu den Abmachungen zählten die Beendigung

15 Gandhi
spricht vor Frei-
willigen vor
dem Kongress-
haus in Bombay,
1931

der Ungehorsamskampagne im Austausch gegen solche politische Gefangene, die im Verlauf der Kampagne keine Gewalt angewandt hatten, ferner das Recht der Küstenbewoh-
ner, kleinere Mengen Salz gewinnen zu dürfen sowie das
Recht auf den Boykott ausländischer Stoffe. Im Gegenzug
sollten keine Arbeitskräfte wiedereingestellt werden, die
während der Kampagne ihren Job verlassen hatten, ferner
sollten Polizeiexzesse nicht weiter untersucht werden, was
eigentlich eine wichtige Forderung der Nationalisten gewesen war. Und schließlich: »Im Interesse Indiens« sollten Landesverteidigung, Außenpolitik, Minderheitenfragen und
die Finanzen weiterhin britischer Verantwortung unterste-
hen.

Das Echo unter den Anhängern Gandhis drückte allent-
halben Enttäuschung aus. Nehru zeigte sich schockiert ob
der mageren Ergebnisse und Gandhi musste sich fragen lassen, ob der ganze Kraftakt der Kampagne im rechten Verhältnis zu diesen Resultaten stand. Gandhis eigene »Elf
Punkte« von Lahore hatten deutlich mehr gefordert und
purna swaraj schien nun Lichtjahre entfernt. Der Gescholtene
rechtfertigte sich, indem er darauf hinwies, ein *satyagrahi*
müsse »einen Gegner mit Liebe bekehren«, es komme immer
der Moment, wo er mit dem Widersacher einen Handel ein-
gehen müsse.

Es ist schwierig zu beurteilen, was Gandhi zu diesem Abkommen bewogen hat, von dem selbst der ansonsten loyale Herausgeber der ›Collected Works of Mahatma Gandhi‹ meinte, es habe nichts Greifbares für die Sache der Nationalisten gebracht. Sumit Sarkar, ein Experte in Sachen »indischer Nationalismus und Gandhi«, vermutet beispielsweise, dass der Pakt zeige, in welch hohem Maße Gandhi die Interessen der indischen Geschäftswelt vertrat, die unbedingt ein Ende der Ungehorsamskampagne erreichen wollte, da zu jener Zeit die Weltwirtschaftskrise auch die Wirtschaft des Subkontinents zu schädigen begann. Tatsächlich verstand es Gandhi immer, sein rastloses und konsequentes Eintreten für die Bauern und die Armen mit glänzenden Beziehungen zu den indischen Größen aus Handel und Kommerz zu verbinden. Von Sarojini Naidu stammt das Bonmot bezüglich der häufigen finanziellen Engpässe Gandhis und seiner Projekte: »Der Mahatma hat nicht die leiseste Idee, wie viel uns seine Armut kostet.«

Die Umsetzung des Paktes gestaltete sich für beide Seiten recht problematisch, Aufruhr und Spannungen gab es vor allem in Bengalen und in Bombay. Gandhi bereitete sich unterdessen auf eine lange Reise vor: Der Kongress hatte ihn ermächtigt, als einziger Vertreter der Organisation an einer Neuauflage des »Runden Tisches« in London teilzunehmen.

Am 29. August 1931 brach Gandhi an Bord der »Rajputana« von Bombay nach England auf, begleitet u. a. von seinem Sohn Devadas, den Sekretären Desai und Pyarelal Nayyar, Mirabehn, Sarojini Naidu und Ghanshyam D. Birla, dem schwerreichen Gönner und Freund Gandhis. Birla, Präsident der Indischen Handelskammer, vertrat in London die Interessen der indischen Geschäftswelt.

Da eine dritte Klasse an Bord fehlte, reiste Gandhi in der zweiten und führte dort, so gut es ging, sein normales Ashram-Leben, in dem er regelmäßig betete, viel schrieb und sein Spinnrad traktierte. Gegenüber Birla äußerte er sein Interesse an einem Treffen mit Churchill, während er einer möglichen Begegnung mit dem Dichter George B. Shaw

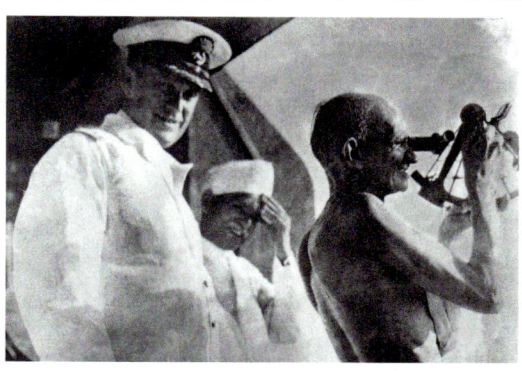

16 Auf der
Überfahrt nach
England, 1931

wenig begeistert entgegensah. Nach seiner Ankunft in England am 12. September quartierte er sich bei einer befreundeten Philantropin im Arbeiterviertel des Londoner East End ein.

Die zweite Konferenz am »Runden Tisch« begann wenige Tage später und endete Anfang Dezember. Nicht zuletzt deshalb, weil sich England während der Dauer der Verhandlungen in einem permanenten Wahlkampf befand und am Ende der Wahlerfolg der Konservativen die Aussicht auf tiefgreifende Verfassungsänderungen zu Gunsten Indiens verdüs-

---

**Bhim Rao Ambedkar
(1851–1956)**
Selbst ein Unberührbarer, vermochte Ambedkar in den USA zu studieren, um anschließend in Indien die politische Führerschaft der Unberührbaren zu übernehmen. Darin fand er sich im Wettstreit mit Gandhi, mit dem sich Ambedkar vor allem über getrennte Wählerlisten und Mandate für die Unberührbaren auseinandersetzte. Desillusioniert über die Zu-kunft der Unberührbaren, trat er zum Buddhismus über und wollte damit ein Zeichen setzen. Seinem Aufruf zum Massenübertritt entweder zum Buddhismus oder zum Islam folgte eine nicht unbedeutende Zahl von Unberührbaren. Ambedkar war wesentlich an der Formulierung der indischen Verfassung beteiligt und diente der unabhängigen Republik von 1947 bis 1951 als Justizminister.

terte, war sie ein kläglicher Fehlschlag. Daheim in Indien hatte Gandhi die Illusion genährt, er trete in London als Repräsentant und Symbol der indischen Nationalbewegung auf. Hier, vor Ort, repräsentierte er zwar die mächtige Kongressbewegung, aber zugleich war er nur einer von recht unterschiedlichen indischen Interessenvertretern, zu denen die Unberührbaren ebenso zählten wie die Geschäftswelt oder die Fürsten. Die gastgebenden Briten wussten sich dieses bunte Kaleidoskop nach der Devise »Teile und herrsche« zunutze zu machen und besetzten gern die Rolle des Sachwalters gesamtindischer Interessen. Gandhi hätte am liebsten auf prinzipieller Ebene diskutiert, stattdessen sah er sich in ein Klein-Klein über Sonderrechte und Teilautonomien hineingezogen, wobei er keine beeindruckende Figur abgab. Ein wichtiger Punkt, den Gandhi mit Enttäuschung registrierte, betraf die Forderung des Repräsentanten der Unberührbaren, Bhimrao R. Ambedkars nach einer künftigen eigenen Wählerschaft für die Unberührbaren. Der in den USA

17 Charlie Chaplin und Mahatma Gandhi in London, September 1931

ausgebildete Anwalt Ambedkar, der selber aus den Reihen der Unberührbaren stammte, beanspruchte für sich die Vertretung der Kastenlosen und sprach sie damit zugleich Gandhi klar und deutlich ab. Gandhi sollte sich wenig später mit Ambedkar erbittert über die Frage einer separaten Vertretung der Unberührbaren streiten.

Gandhi zeigte sich über den Ausgang der Konferenz enttäuscht. Weniger enttäuscht war er über den eher privaten Teil seines England-Besuches. Überall im Lande fand er sich herzlich, ja mit Begeisterung aufgenommen – zu seiner Überraschung gerade auch in den Textilfabriken von Lancashire, deren Beschäftigten er seine Boykottmaßnahmen gegen englisches Tuch daheim zu erklären suchte. Nachdem er Hunderte von Kinderhänden geschüttelt hatte, kam er zu dem Schluss, dass ein Ausgleich zwischen Indien und England vielleicht von der kommenden Generation gefunden werden könne.

Churchill zählte zwar nicht zu seinen Gesprächspartnern, dafür aber König Georg, Shaw und Charlie Chaplin, dem er seine Abscheu gegenüber der menschenversklavenden Maschinenwelt erläuterte. Der Schauspieler hingegen verteidigte die Errungenschaften moderner Technik und Wissenschaft – fünf Jahre später entstanden seine ›Modernen Zeiten‹.

Am 5. Dezember verließ Gandhi die Insel in Richtung Paris, wo er in einem Kino eine Ansprache hielt. Weiter ging die Reise ins schweizerische Villeneuve am Genfer See, wo sein Verehrer Romain Rolland für einige Tage sein Gastgeber war. Rolland war so etwas wie der Chef der »Gandhi-Internationale«, deren Bewunderer über ganz Europa und Amerika verstreut lebten. Er hatte Gandhis Schriften in Europa veröffentlicht und eine frühe, einflussreiche Biografie seines Helden verfasst. Rolland empfand Gandhis Segnungen beim Abschied wie einen Kuss von den Heiligen Dominikus und Franziskus.

In Genf und in Lausanne hielt Gandhi Reden und stellte sich anschließend der Diskussion. In Lausanne äußerte er sich dabei ungewöhnlich deutlich zu den Möglichkeiten einer »gewaltlosen Freiheitsbewegung« in Europa. Er beurteilte sie skeptisch, vor allem weil die Europäer unter der verfälschten Lehre Jesu Gewaltanwendung tief verinnerlicht hätten und die europäische Wirtschaftsweise Unruhe schaffe und »Taten blindwütiger Gewalt« begünstige. Wenig überraschend für seine Zuhörer skizzierte er demgegenüber ein insgesamt harmonisches religiöses und wirtschaftliches Leben in Indien, das glücklicherweise nach wie vor stark von bäuerlicher Tradition bestimmt sei.

Über Mailand reiste der Mahatma weiter nach Rom, wo er vergeblich auf eine Audienz beim Papst hoffte. Tief berührten ihn die Fresken der Sixtinischen Kapelle. Von Mussolini, den er kurz traf, nahm er einen wenig günstigen Eindruck mit, dafür zeigte er sich auf einem Foto zusammen mit jugendlichen Faschisten in aufgeräumter Stimmung. Diese verflog jedoch alsbald wieder, denn eine Zeitung hatte fälschlich berichtet, Gandhi plane bei seiner Rückkehr nach Indien die Fortsetzung des zivilen Ungehorsams. In seinem Zorn über den journalistischen Fauxpas ließ er sich zu jenem tragischen Fehlschluss hinreißen, dem so viele seiner Zeitgenossen erlagen: Demokratie und Faschismus seien eben doch nicht so weit auseinander. Von Brindisi aus kehrte Gandhi am 14. Dezember nach Indien zurück.

Wir organisierten seine Vorträge in Lausanne und Genf und werden niemals seine Antwort an einen alten Mann vergessen, der ihn gefragt hatte, ob er nicht enttäuscht sei, den gleichen Rat hinsichtlich der Gewaltfreiheit zu wiederholen, den Christus schon vor 2000 Jahren ohne großen Erfolg gepredigt habe, »wenn man das Urteil der Geschichte heranzieht.« »Wie lange, sagten Sie?«, fragte Gandhi mit seinem gewohnt guten Humor. »Ich sagte, diese Dinge sind seit 20 Jahrhunderten umsonst gepredigt worden«, beharrte der alte Arbeiter, der ein Kommunist war. »Nun«, entgegnete der Mahatma, »glauben Sie, 2000 Jahre sind eine lange Zeit, um so etwas Schwieriges zu lernen, wie Schlechtes mit Gutem zu vergelten?«

Edmond Privat, With Gandhiji on Deck, in: Incidents of Gandhiji's Life, S. 252

18 Gandhi mit
jungen Faschi-
sten in Rom,
Dezember 1931

Noch während seines Aufenthaltes in Europa hatte sich
Gandhis Enttäuschung über den Konferenzverlauf in London zusätzlich durch Nachrichten gesteigert, die ihn aus der
Heimat erreichten. Aufruhr wurde aus Bengalen, den United
Provinces und von der Nordwest-Grenze gemeldet. Der
neue Vizekönig Lord Willingdon, ein erfahrener Indien-Be-
amter und zuletzt Generalgouverneur in Kanada, verachtete
Gandhi und arbeitete mit verstärkter Repression, die auch
der Heimkehrer zu spüren bekam, als er am 28. Dezember
wieder heimatlichen Boden betrat. Nur eine Woche später
wurde Gandhi erneut verhaftet und die nächsten 15 Monate
im Yeravda-Gefängnis festgehalten. Während der Haftzeit
reifte jenes Problem heran, das bereits in London aufgetaucht war: Die Briten sahen für die nächsten Wahlen getrennte Wählerschaften nicht nur – wie bisher schon – für
Muslime vor, sondern nun auch für Sikhs, die indischen
Christen, Anglo-Inder und die Unberührbaren. Gandhi sah
darin eine Diskriminierung der Unberührbaren, mit Hilfe
einfacher Wahlarithmetik dürfte er aber auch zu dem
Schluss gekommen sein, dass die potenzielle Wählerschaft
für den Kongress durch solch eine Aufsplitterung empfind-
lich verringert wurde. Mahadev Desai, Gandhis langjähriger
Sekretär, wurde einmal zufällig Ohrenzeuge eines Ge-

sprächs, das Gandhi mit Vallabhbhai Patel über die Frage ge-
trennter Wählerschaften für die Unberührbaren führte.
Rüde im Ton erklärte Gandhi dabei, dass im Falle solcher
Wählerschaften die Unberührbaren »gemeinsame Sache mit
den Muslim-Rowdys mit dem Ziel der Tötung der Kasten-
Hindus« machen würden.

Gandhi war sich schließlich auch jener nationalhinduisti-
schen Strömungen bewusst, die seit dem späten 19. Jahrhundert zu Gunsten einer Erhaltung und Stärkung des Hinduismus in Indien agitierten, indem sie eine Rekonvertierung
von Muslimen und Christen betrieben, die einst Hindus gewesen waren. Ein Ausbluten des Hinduismus fürchteten
manche, die beobachteten, wie Unberührbare ihrem trostlo-
sen Schicksal durch Übertritt zum Islam oder Christentum
zu entgehen suchten, oder aber, wie Gandhis Gegenspieler
unter den Unberührbaren, Ambedkar, zum Buddhismus
übertraten.

Noch im Gefängnis begann er ein »Fasten bis zum Tode«
gegen die Pläne der Briten, die jedoch Ambedkar als Vertreter der Unberührbaren unterstützten. Als religiösem Menschen, erklärte Gandhi, bleibe ihm keine andere Wahl als das
Mittel des Fastens einzusetzen. Ambedkar suchte Gandhi im
Yeravda-Gefängnis auf, und nach schwierigen Diskussionen,
die sich über eine Woche hinzogen, einigte man sich auf
einen Kompromiss. Er sah vor, dass es keine getrennten
Wählerschaften geben sollte, die Unberührbaren würden
wie die Mehrheit der anderen Wähler auch zu den Urnen gehen, allerdings würde man ihnen mehr Sitze zugestehen als
ursprünglich vorgesehen. Der Vizekönig stimmte dem zu.
Gandhi war jedoch nicht bereit, sein Fasten abzubrechen, ehe
nicht auch die Briten dem »Yeravda-Pakt« zugestimmt hatten. Angesichts der fortgeschrittenen Schwächung seines
Gesundheitszustandes begann ein Wettlauf mit der Zeit. In
London unterbrach Premierminister Ramsay McDonald sein
Wochenende, um an dem eingetroffenen Text zu arbeiten. Im
Gefängnis hatte Gandhi seiner Frau bereits seinen Letzten
Willen diktiert, nun war er bereits zu schwach zum Spre-

chen. Die Schlagzeilen der indischen Zeitungen wurden beherrscht von Meldungen über Gandhis Blutdruck und Ohnmachtsanfälle. Dann, am 26. September 1932, verkündeten Delhi und London die Annahme des Paktes. Gandhi brach sein Fasten ab, während der an seine Lagerstatt geeilte Dichter Tagore bengalische Lobpreisungen sang.

Gandhi warf seine ganze Autorität in die Waagschale, als er autorisierte Repräsentanten der oberen Kasten aufforderte, nach Yeravda zu kommen, um mit Ambedkar das Abkommen zu unterzeichnen. Unmittelbar danach verlangte er von seinen Anhängern, die Tempel für die »harijans« zu öffnen. Er gründete auch eine Gesellschaft für die Unterstützung der Unberührbaren sowie die Wochenzeitung ›Harijan‹, die auf Englisch und Hindi erschien. Der »Yeravda-Pakt« wird gemeinhin als klare Absage an die Unberührbarkeit verstanden, wenigstens als Anfang ihres Endes. Der Pakt erklärte, dass niemand qua Geburt als Unberührbarer gelten und dass ihnen der Zugang zu öffentlichen Brunnen, Schulen und Straßen nicht verwehrt werden dürfe. In vielen Teilen Indiens feierten die Menschen eine Woche lang das Ereignis, obwohl die formale Abschaffung der Unberührbarkeit noch bis zur Unabhängigkeit Indiens auf sich warten

19 Gandhi in Bihar, 1934

ließ. Doch bis heute ist sie in der indischen Wirklichkeit nicht völlig verschwunden.

Nachdem er sich von den Strapazen des Fastens erholt hatte, verstärkte Gandhi noch einmal seine Kampagne für das *khadi*-Spinnen. Erneut versuchte er, seine Landsleute an die Ruinierung ihrer Textilindustrie durch die britischen Importe zu erinnern und deren Boykott zu propagieren. Im Hintergrund wirkte dabei immer das *swadeshi*-Motiv, Gandhis Liebe für die ortsnahe Produktion und seine Abneigung gegen die »große Industrie«, gegen alles, was den Menschen entfremdete. Für ihn stand außer Zweifel, dass seine riesige, arme und übervölkerte Heimat in einer Entwicklung nach europäischem Muster nicht den Königsweg finden würde.

Ein weiteres Mal fastete Gandhi in der Haft, bevor die Briten ihn am 8. Mai 1933 entließen. Diesmal richtete sich sein Fasten als Buße gegen sich selber, nachdem er während des Gefängnisbesuches einer Amerikanerin unkeusche Gedanken verspürt hatte.

Mit dem »Government of India Act« von 1935 kündigten die Briten die letzte von ihnen entworfene Verfassung für den Subkontinent an. Sie stärkte die Autonomie der Provinzen, deren Minister Wahlversammlungen verantwortlich sein sollten, ausgenommen die Bereiche Finanzen und Verteidigung. Den Provinzgouverneuren blieben jedoch weiterhin erhebliche Kontroll- und Eingriffsmöglichkeiten. Immerhin sollte das Wahlrecht erheblich erweitert werden, sodass künftig die Zahl indischer Wahlberechtigter von 6,5 auf etwa 35 Millionen wuchs, einschließlich sechs Millionen Frauen und mehr als drei Millionen Unberührbarer. Auf dem Papier bestehen blieb die geplante Föderation zwischen Fürstentümern und den Provinzen. Der Kongress reagierte kritisch, einmal wegen der immer noch begrenzten Rechte der Inder, zum anderen wegen der als antiquiert empfundenen Gleichstellung der über 500 Fürsten mit den Provinzen. Dennoch beschloss er, an den Wahlen von 1937 teilzunehmen.

Gandhi hatte den Kongress 1934 verlassen und damit einen abermaligen Rückzug aus der aktiven Politik eingeleitet,

20 Im Sevagram-
Ashram, 1934

um sich mit ganzer Kraft seinem »Konstruktiven Programm« zu widmen. Vorausgegangen waren Meinungsver-
schiedenheiten Gandhis mit führenden Kongress-Politikern,
bei denen es auch um seine ausgeprägte Neigung ging, Politik mit Religion zu verquicken. Insbesondere Nehru ereiferte
sich über die starke Betonung der Frage der Unberührbarkeit, die Gandhi häufig mit religiösen Argumenten erörterte.
Das Erdbeben von Bihar im Jahre 1934, dem 15 000 Menschen
zum Opfer fielen, brachte dann das Fass zum Überlaufen.
Gandhi sah hier »ein göttliches Urteil am Werk«, eine Strafe
für die Sünde der Unberührbarkeit. Nehru war außer sich
angesichts eines derart unwissenschaftlichen Standpunktes,
und selbst Tagore zeigte sich verzweifelt über diese Interpretation der Katastrophe, die, argumentierte er, nur allzu gern
von den ungebildeten Menschen aufgesogen werden würde. Doch Gandhi blieb hart, Naturkatastrophen hätten, so
meinte er instinktiv zu fühlen, außer physischen Ursachen
auch »irgendwie mit dem Sittenverhalten der Menschen« zu
tun.

Bereits im Jahre 1933 hatte Gandhi in der Nähe von
Wardha, in der ärmsten Gegend Zentralindiens, den Ashram
seines treuen Mitarbeiters Vinoba Bhave besucht und offenbar an der entspannten Atmosphäre dort Gefallen gefunden.
1936 verlegte er den Schwerpunkt seines Wirkens selber
nach Wardha, nachdem er zuvor den Sabarmati-Ashram bei

Ahmedabad den Unberührbaren überlassen hatte. Sevagram-Ashram, zu deutsch »Dorf des Dienstes«, nannte sich
die neue Dorfgemeinschaft.

Alles in allem ließ Gandhi es hier mit seinen Prinzipien
und Lebensregeln ruhiger angehen als im Sabarmati-Ashram, auch wenn die dort gültigen elf Ordensregeln auch hier
Anwendung fanden. Herbert Fischer, der eingangs bereits
erwähnte Bewohner Sevagrams vor dem Ausbruch des

Als ich Gandhiji erstmals im April 1936 ... in Wardha begegnete,
fühlte ich mich einigermaßen desillusioniert – desillusioniert
nicht, weil ich enttäuscht gewesen wäre, sondern weil ich Gandhiji ganz anders fand, als ich es erwartet hatte. Wie so viele andere stand ich unter dem Eindruck, der Mahatma müsse sehr reserviert und voller Ernsthaftigkeit sein. Doch zu meiner großen
Überraschung fand ich ihn wenige Minuten nach unserer persönlichen Bekanntschaft ausgesprochen menschlich, mit einem
nie versiegen wollenden Brunnen sprühenden Witzes und auf-
heiternden Humors.

»Welche Arbeit wollen Sie hier für mich verrichten?«, fragte
Gandhiji. »Ich bin Ihnen zu Diensten, Bapuji. Geben Sie mir An-
weisungen!« »Ich weiß, dass sie erst kürzlich aus England zurück-
gekehrt und gut in literarischer Arbeit sind; aber ich werde ihnen
keine derartige Arbeit geben. Kennen Sie die Wissenschaft von
der *charkha* (Spinnrad)? Hier ist meine *charkha*, und sie ist kaputt.
Können Sie sie wieder richten?« »Ich fürchte, ich weiß überhaupt
nichts über die *charkha*. Ich muss mich erst über ihre Technik informieren!« »War dann also nicht all Ihre Ausbildung umsonst?
Wie man im Hindustani zu sagen pflegt, Ihre Erziehung hat zum
›Sandsieben‹ gereicht«, bemerkte Gandhiji mit einem herzhaften
Lachen. »Völlig richtig«, lächelte ich leicht verlegen. »Nun gut
also. Ich werde Ihnen eine solche Arbeit in einem sehr realen
Sinne geben. Es muss guter Sand für die hiesigen Plumpsklos
ausgesiebt werden.« ... »Ich werde den Job gerne machen«, antwortete ich prompt. »Ich habe eine Menge Gartenarbeit gemacht, und die Arbeit wird deshalb nicht neu sein für mich.«
»O.K.«, grinste Gandhiji. Und ich habe den Job einige Monate
jeden Sonntag gemacht.

*Shriman Narain Agarwal, Gandhi Anecdotes, in: Incidents of
Gandhiji's Life, S. 1f.*

Zweiten Weltkrieges, schildert Gandhi als einen geistigen
Führer, der sehr wohl in der Lage war, Aufgaben an Mitarbeiter zu delegieren, der gut und konzentriert zuhören
konnte und der andere ermunterte, ein Projekt zu beginnen,
auch wenn er selber von dessen Güte nicht überzeugt war. Er
ermutigte Mitarbeiter, selbstständig zu arbeiten und sich
durchzusetzen, erwartete jedoch, dass außerhalb des Ashrams die Gemeinsamkeit der Grundsätze betont wurde. Anders als Nehru, der seinen Anhängern oft das Gefühl ver-
mittelte, in seinem Schatten zu stehen, strebte Gandhi nicht
nach persönlicher Dominanz.

Möglicherweise war Gandhi nach den Erfahrungen von
Sabarmati zu dem Schluss gekommen, dass Hartnäckigkeit
und Prinzipienreiterei auch Formen von Gewalt darstellen
konnten, dass er eher versuchen müsse zu überzeugen. Kon-
gresssitzungen in der Nähe des Ashrams zogen Tausende
von Menschen an, die vor Ort von der ansässigen Landbevölkerung beköstigt wurden. Geradezu urdemokratisch sei
es bei den Versammlungen zugegangen, so Fischer, es gab
keine Kontrollen, jeder konnte mitdiskutieren und gemeinsam wurden Resolutionen verfasst.

Die 1937 abgehaltenen Wahlen brachten für den Kongress
einen großen Erfolg, denn er konnte 70 Prozent der abgege-
benen Stimmen auf sich vereinen. Dieses Ergebnis, das sowohl die Briten als auch die Inder überraschte, war außer
der Popularität Gandhis und anderer prominenter Führer

Ich sehe die Jhansi-Wahl nicht als einen kompletten Misserfolg
an. Sie ist eine ehrenvolle Niederlage, die zu der Hoffnung Anlass gibt, dass wir dann, wenn wir uns richtig bemühen, die Kon-
gress-Botschaft den Muselmanen bringen können. Ich bleibe
aber gleichwohl bei meiner Meinung, dass die Botschaft allein,
d.h. wenn sie nicht begleitet ist von ernster Arbeit in den Dörfern, unserem Endzweck nicht gerecht wird. Alles hängt von
dem Wege ab, auf dem wir die Macht erreichen wollen.

Brief Gandhis an J. Nehru vom 30. Juli 1937, aus:
Ein Bündel alter Briefe, S. 381

auch der Tatsache zu verdanken, dass der Kongress erstmals als moderne politische Partei auftrat, die Wurzeln im ganzen Land und in allen Schichten der Bevölkerung geschlagen hatte. In sieben Provinzen stellten Kongressmitglieder die lokalen Regierungen. Auf der anderen Seite verlief die Wahl für die Muslim Liga enttäuschend. Weniger als ein Viertel der für sie in Indien reservierten Sitze gingen an sie. Allerdings: Dort, wo die Muslime die Mehrheit bildeten, blieb auch der Kongress schwach. Hier hatten die Wähler überwiegend regionale Gruppierungen bevorzugt.

Von einem kurzen Moment im Jahre 1930 abgesehen, hatte sich die Muslim Liga in einem ständigen Niedergang befunden und verharrte in Apathie. Mit Muhammad Iqbal trat damals ein Dichter aus dem Punjab hervor und elektrisierte eine politische Versammlung in Lahore mit der Idee der Gründung eines mehrheitlich muslimischen Staates im Nordwesten Indiens. Wenig später machten muslimische Studenten in Cambridge den Vorschlag, diesen Staat Pakistan zu nennen, also »Land der Reinen«, und zugleich ein Akronym aus den Initialen mehrerer Provinzen mit Muslim-Mehrheit: Punjab, Afghan Provinces, Kashmir und Singh sowie den Schlussbuchstaben von Baluchistan. Das Projekt eines selbstständigen Muslimstaates im Nordwesten war dabei alles andere als neu, aber das Pakistan-Konzept sollte sich erst im Verlauf des Zweiten Weltkrieges durchsetzen, und selbst Pakistans späterer erster Generalgouverneur, Muhammad Ali Jinnah, konnte zunächst nur milde lächeln, als er den Namen in England erstmals aus Studentenmund vernahm.

Nach Jahren politischer Abstinenz und Abwesenheit von Indien entschloss sich Jinnah 1935 nach seiner Rückkehr aus England, die Führung der Liga zu übernehmen. Für eine erfolgreiche Teilnahme an den Wahlen von 1937 kam dieser Schritt zwar zu spät, aber doch noch rechtzeitig genug, um die Liga auf den Weg einer gleichfalls bedeutenden Partei zu bringen. Sie bildete die politische Heimat vor allem wohlhabender muslimischer Großgrundbesitzer. Wenn sich die

Liga unter Führung Jinnahs im Laufe der Jahre immer hartnäckiger einem territorialen Alleingang der Muslime im Falle der Unabhängigkeit Britisch-Indiens verschrieb, lag das nicht zuletzt auch an der Furcht dieser Besitzenden, dass es nach einer Regierungsübernahme durch den Sozialisten Nehru zu einer umfassenden Landreform zu ihren Lasten kommen könnte.

Obwohl Jinnah wie Gandhi aus Gujarat stammte und wie jener ein Verehrer des alten Gokhale war, gab es in der seinerzeitigen indischen Politik kaum einen größeren personellen Gegensatz wie den zwischen Jinnah und Gandhi. Jinnahs Familie war vom Hinduismus zum Islam konvertiert, er selber legte jedoch keinen besonderen muslimischen Glaubenseifer an den Tag. Verheiratet mit einer Parsin, war er weder Schweinefleisch noch Alkohol abhold. Während Gandhi seine Schlichtheit gerade auch in seiner Kleidung dokumentierte, sah sich Jinnah im Jahre 1946 von der ›New York Times‹ immerhin zu einem der bestgekleideten Männer des Britischen Empire gekürt. Erst als die Idee von einem »Land

---

Muhammad Ali Jinnah (1875–1948)

Als Kind einer Kaufmannsfamilie wuchs Jinnah in wohlhabenden Verhältnissen auf und ging nach London, um Jura zu studieren, von wo er 1896 nach Indien zurückkehrte. Als herausragende Figur am Gericht von Bombay wirkte er aktiv im Indian National Congress mit, wo er eng mit Gokhale kooperierte. Gleichzeitig vertrat er seit 1913 die Interessen der Muslim Liga. Hartnäckig setzte er sich für getrennte Wählerlisten, Reservierung von Mandaten und politische Gewichtung der Muslime bei Wahlen ein. Gandhis Strategie der Nicht-Zusammenarbeit und des zivilen Ungehorsams lehnte er ab, ebenso die Khilafat-Bewegung. Nach einem Londoner Intermezzo als Anwalt Anfang der 1930er Jahre kehrte er 1935 nach Indien zurück, um sich vehement für die Muslim Liga einzusetzen. Seit 1940 datiert sein Kampf für ein eigenes Muslimgemeinwesen. Von 1947 bis 1948 diente er als erster Generalgouverneur Pakistans.

der Reinen« von ihm Besitz ergriff, war es vorbei mit seiner religiösen Toleranz. Er verstieß seine Tochter, als diese ihrerseits einen Parsen heiratete. Anders als Gandhi nutzte Jinnah als brillanter Anwalt vorzugsweise die verfassungsmäßigen Organe, »seine Barrikade war das Veto am Verhandlungstisch«, und er verstand es, die Ängste vieler Muslime vor einer hinduistischen Majorisierung auszunutzen, falls Indien unabhängig würde.

Bald schon forderte die erstarkte Muslim Liga unter der Führung Jinnahs die Briten auf, sie als einzige Repräsentantin der räumlich zersplitterten Muslimbevölkerung Indiens anzuerkennen. Gandhi und der Kongress konnten diesen forschen Anspruch nicht akzeptieren, denn sie hatten immer dafür gekämpft, die Nationalbewegung der gesamten indischen Bevölkerung darzustellen, ungeachtet aller religiösen Differenzen. Und schließlich gehörten auch Muslime zu den Prominenten des Kongresses, wenngleich die eigentliche Führung überwiegend aus Hindus bestand. Einige von ihnen, wie Nehru, fürchteten die künftige »Balkanisierung« des Landes, sollten ethnische, religiöse oder linguistische Gemeinschaften beginnen, Sonderansprüche zu stellen. Die Einheit Indiens stand für den Kongress niemals zur Disposition. Im Jahre 1938 zeigte sich, dass die Fliehkräfte unter den politischen Schwergewichten Indiens größer waren als Gandhis Überzeugungskraft. Allein der sogenannte »Grenz-Gandhi«, Abdul Ghaffar Khan, eine eindrucksvolle Pathanengestalt aus den Nordwest-Provinzen, stand treu zu Gandhis Grundsätzen des gewaltfreien Widerstandes und vermochte seine stolzen Untertanen weiterhin auf diese zu verpflichten. Nehru als vom Sozialismus überzeugter Materialist, Maulana Azad als führendes Muslimmitglied im Kongress sowie Jinnah als Chef der Muslim Liga hatten allesamt ein eher taktisches Verhältnis zur Frage der Gewaltanwendung, während Gandhi Gewalt grundsätzlich ablehnte.

Der Mythos Gandhis, der jahrelang von der Bühne des politischen Alltags verschwunden war, sah sich der offenen Herausforderung seitens neuer, radikaler Führer ausgesetzt,

allen voran Subhas Chandra Boses, den der Kongress Anfang 1938 zu seinem Präsidenten wählte. Bose entstammte
der bengalischen Mittelschicht und war eine Generation jün-
ger als Gandhi. Wie Nehru kritisierte er Gandhis Vermi-
schung von Religion und Politik und wähnte Indien auf dem
Weg in die Vergangenheit, sollten sich Gandhis soziale und
wirtschaftliche Ideen durchsetzen. Er war ein Anhänger der
Modernisierung und Industrialisierung Indiens, verbrachte
in der Zwischenkriegszeit Jahre in Wien und pflegte, obgleich eher ein Linker, Kontakte zu Mussolini und führenden Nationalsozialisten. Niemals zuvor hatte Gandhi sein
ganzes moralisches und politisches Gewicht dermaßen in
die Waagschale geworfen als Ende 1938, als er den Kongress
mit aller Macht dazu bringen wollte, die Wiederwahl Boses
im Januar 1939 zu verhindern. Bose obsiegte denkbar knapp,
stellte sein Amt aber im April angesichts der Frontstellung
Gandhis gegen ihn zur Verfügung und machte damit Platz
für Rajendra Prasad, einen treuen Gandhianer. Zunächst
innerhalb des Kongresses gründete Bose den »Forward
Bloc«, der sich energisch für die Unabhängigkeit Indiens
stark machte.

Indien – wie auch die übrige Welt – sah sich den drohen-
den Wolken eines bevorstehenden Krieges ausgesetzt, damit
gerieten auch jene indischen Politiker verstärkt in Argumen-
tationsnot, die sich weiterhin den Idealen der Demokratie
verpflichtet fühlten und die sich, wie im Falle Gandhis, prin-
zipiell der Gewaltlosigkeit verschrieben hatten.

Ein wenig widerstrebend ließ sich Gandhi in die europäischen Konfliktfelder hineinziehen, er reagierte dabei mehr
auf europäische Bitten, Stellung zu nehmen und Rat zu ge-

> Die meisten religiösen Männer, denen ich begegnet bin, sind ver-
> kleidete Politiker, aber ich, der ich die Maske eines Politikers
> trage, bin in Wahrheit ein Mann der Religion.
> *M. Gandhi zitiert nach: Prafulla Chandra Ghosh, Mahatma Gandhi*
> *As I Saw Him, S. V*

ben – oder unterließ es auch –, als dass er von sich aus seine Stimme erhob. Den vom »Dritten Reich« bedrängten Tschechen schlug er vor, England und Frankreich von ihrer vertraglichen Schutzgarantie zu entbinden, sich Hitler jedoch nicht zu unterwerfen, sondern unbewaffnet den Tod vorzuziehen. Dadurch retteten sie ihre Ehre und ihre Seele, selbst wenn sie ihren Körper verlören. Allerdings: Nach dem deutschen Überfall auf Polen im September 1939 rühmte Gandhi den Widerstand des polnischen Volkes.

Nach der Reichspogromnacht vom November 1938 war offensichtlich, dass für die Juden im Herrschaftsbereich Hitlers eine neue Stufe der Verfolgung erreicht war. In seiner Zeitung ›Harijan‹ riet Gandhi am 26. November 1938 in Reaktion auf Anfragen den Juden in Deutschland, sie sollten sich nach den Grundsätzen des gewaltlosen Widerstands zur Wehr setzen. Früher oder später würde sich diese Haltung zu ihren Gunsten auszahlen, da die »deutsche Nation« nicht ewig dem Treiben Hitlers zusehen werde. Und zur gleichen Zeit zeigte er sich überzeugt, dass auch die Nationalsozialisten letzten Endes zum Einlenken zu bewegen seien: »Bei genügender Hitze gibt auch das härteste Metall nach.«

Martin Buber schrieb Gandhi aus Jerusalem einen Brief, in dem er u. a. kritisierte, dass Gandhi das Schicksal der Juden in Deutschland mit jenem der Inder in Südafrika gleichsetzte, ja mehr noch, den deutschen Juden eine günstigere Situation attestierte, weil sie eine weit homogenere Gruppe seien als die Inder in Südafrika. Bubers Ausführungen gipfelten in der Bemerkung, gegen die »dämonische Universalwalze« (gemeint ist der Nationalsozialismus) sei das Instrumentarium des *satyagraha* wirkungslos, da das Regime Hitlers eine entscheidende Bedingung für dessen moralischen Erfolg niemals zulassen werde: Martyrium, also Zeugenschaft, die das Leiden der Inder in Südafrika und in Indien unter britischer Herrschaft immer begleitet und wirksam bekannt gemacht habe.

Hayim Greenberg, Herausgeber von ›The Jewish Frontier‹ und Bewunderer Gandhis, schrieb diesem, ein jüdischer

Gandhi, sollte es denn einen geben, könne in Deutschland fünf Minuten auftreten, dann fände er sich unter dem Fallbeil wieder. Indessen gibt es keinen Zweifel, dass Gandhi ein klarer Gegner aller faschistischen Herrschaftsformen war, wie übrigens auch der sozialistischen in der Sowjetunion unter Stalin. Auch steht seine Sympathie für die Juden außer Frage, denn in Südafrika waren ihm, wie bereits erwähnt, Hermann Kallenbach und Henry Polak sowie weitere Juden unentbehrliche Helfer gewesen. Immerhin schrieb er auch, dass, wenn es überhaupt einen berechtigten Krieg gebe, es jener zur Rettung der Juden in Deutschland sei. Er persönlich glaube jedoch nicht an die Berechtigung irgendeines Krieges.

Wenige Wochen vor Ausbruch des Zweiten Weltkrieges wandte sich Gandhi am 23. Juli 1939 direkt an Hitler. Freunde hatten ihn zu diesem Schritt gedrängt. Er beschwor den Diktator, auf das Mittel des Krieges zu verzichten. Eine Antwort aus Berlin ist nicht überliefert.

Vor allem die Aussicht auf einen asiatischen Schauplatz im kommenden Krieg trieb die Briten in eine zunehmend verhärtete Position, da sie zweifelten, weiterhin auf die Standfestigkeit der indischen Säule bei der Verteidigung des Empire bauen zu können. Tatsächlich sollte der Krieg das Ende des Weltreiches und den Prozess der indischen Unabhängigkeit beschleunigen.

»Quit India«

Am 3. September 1939 entschied Vizekönig Lord Linlithgow, dass mit der britischen Kriegserklärung an
Deutschland auch Indien automatisch an der Seite Großbritanniens am Krieg beteiligt sei. Da zuvor nicht ein einziger
indischer Repräsentant über diese Entscheidung konsultiert
worden war und auch die britischen Kriegsziele nicht weiter
erläutert wurden, fühlte sich die Mehrheit der Kongressmitglieder brüskiert. Aus Protest traten die vom Kongress ge-
führten Provinzregierungen zurück, womit sie der rivalisie-
renden Muslim Liga eine große Freude bereiteten. Jinnah
erklärte den 22. Dezember 1939 zum »Tag der Erlösung« für
das muslimische Indien. Resolutionen der Liga jubelten,
dass der Kongress nun aufgehört habe zu funktionieren, sie
dankten Allah, dass die »Tyrannei, Unterdrückung und Ungerechtigkeit« der vergangenen Jahre beendet seien. Mit den
Worten Stanley Wolperts: Es war das Totenglöckchen für die
Kongressträume von einer einigen indischen Nation. Befreit
von der Notwendigkeit, den Kongress zu attackieren, konnte
sich Jinnah nun mit ganzer Kraft auf sein Ziel eines separaten Muslimstaates konzentrieren, welches eine Sitzung der
Liga in Lahore im März 1940 bis auf den ausdrücklichen
Namen »Pakistan« auch so formulierte. In Lahore sprach
Jinnah vor seinen Zuhörern von Indien als einem Zwei-Na-
tionen-Problem, das entsprechend behandelt werden müsse.
Ein Muslimstaat solle da entstehen, wo Muslime die Bevölkerungsmehrheit bildeten, also im Nordwesten und im
bengalischen Osten Britisch-Indiens. Unklar blieb in dieser
Konstruktion die Zukunft der Hindu-Minderheiten in die-
sen Regionen und das Schicksal beachtlicher Muslim-Min-
derheiten im »anderen« indischen Staat, etwa im Süden des
Subkontinents. Gandhi zeigte sich über die Vorgänge in Lahore bestürzt, er nannte die absehbare Teilung Indiens eine
»Vivisektion«. Er bestand auf der Einheit Indiens, hob her-

21 Gandhi (rechts) und Muhammad Ali Jinnah, 24. November 1939

vor, dass die große Mehrheit der indischen Muslime konvertierte Hindus seien. Insbesondere die bengalischen Muslime seien in ihrer Kultur und Lebensweise kaum von Hindus zu unterscheiden. Um die Bedeutung der Muslime in der Kongressbewegung zu unterstreichen, wählte der Kongress für die Jahre 1940 bis 1945 mit Maulana Azad einen Angehörigen des Islam zum Präsidenten.

Jinnah kam zupass, dass im Mai 1940 in England eine Koalitionsregierung mit Winston Churchill an der Spitze an die Macht kam, die offene Ohren für muslimische Sonderwege in Indien hatte und mit dem Prinzip »Teile und herrsche« den Loslösungsprozess Indiens vom britischen Weltreich zu hintertreiben geneigt war. Insbesondere die Person Churchills stand für britischen Imperialismus der viktorianischen Epoche, und so verwundert sein berühmtes Wort nicht, wonach er nicht »der Erste Minister des Königs geworden sei, um den Vorsitz bei der Liquidierung des Britischen Empire zu führen«.

Während Jinnah in den kommenden Kriegsjahren insgesamt äußerst geschickt zwischen Anbiederung bei den Briten und indischer Freiheitsrhetorik lavierte, sahen sich Kongresslinke wie Nehru und andere in einem Zwiespalt: Einerseits unterstützten sie aufrichtig den Kampf der Alliier-

22 Titelseite des ›Kladderadatsch‹ 1933. Gandhi als Führer des indischen Elefanten greift den englischen Löwen an.

ten gegen Nationalsozialismus und Faschismus, andrerseits warteten sie vergeblich – wie bereits im Ersten Weltkrieg – auf eine eindeutige britische Zusage hinsichtlich der indischen Unabhängigkeit. Gandhi erklärte zunächst klar seine Gegnerschaft gegenüber dem Krieg im Namen der Gewaltfreiheit, im Übrigen fand er Gefallen am Rücktritt der Kongressregierungen, bedeutete er doch eine Abkehr von den verfassungsmäßigen Kooperationsformen mit den Briten, denen er immer skeptisch gegenüber gestanden hatte. In zwei Briefen an Hitler, die jedoch von den Briten abgefangen wurden, mahnte er zum Frieden. Später jedoch, als japanische Truppen die nordöstlichen Grenzen Indiens erreichten, änderte er seine Auffassung und erklärte nun, dass dort, wo britische Truppen gegen den Feind kämpften, gewaltfreier Widerstand nicht ratsam sei. Im Zweifel sei eine britische Herrschaft über Indien einer japanischen immer noch vorzuziehen. Im Jahre 1943 wehrte er sich gegen die Behauptung eines Journalisten, die Briten vermuteten ihn auf der Seite der Achsenmächte. »Ich habe«, erklärte Gandhi, »Faschisten und Nazis als Abschaum der Menschheit bezeichnet.«

Am 17. Oktober 1940 startete er ein »individuelles *satyagraha*«, bei dem Einzelpersonen Gesetze übertreten und sich ins Gefängnis werfen lassen sollten. Vinoba Bhave und

Nehru machten den Anfang und füllten bald mit mehr als 23 000 Anhängern die Gefängnisse, ohne jedoch damit besondere öffentliche Aufmerksamkeit zu erregen oder die Briten spürbar zu reizen. Zu diesem Zeitpunkt fühlten sich die Briten noch überlegen und taten Gandhi nicht den Gefallen, ihn zu verhaften, sodass dieses *satyagraha* das enttäuschendste aller vergleichbaren Aktionen Gandhis wurde. Aber die Ruhe, die jetzt einkehrte, war die Ruhe vor dem Sturm.

Im August 1941 verbriefte die »Atlantik-Charta« Churchills und US-Präsident Roosevelts das Recht aller Völker, ihre Regierungsform frei zu wählen. Churchill jedoch beeilte sich noch im September, dem britischen Unterhaus zu versichern, die Charta finde selbstverständlich keine Anwendung auf Indien oder andere britische Kolonien.

Dann, mit dem japanischen Angriff auf Pearl Harbor am 7. Dezember 1941, brach der Krieg auch mit Wucht über Asien herein. Schnelle, erfolgreiche Attacken der Japaner erfolgten auf Shanghai, die Philippinen, Malaya, Indochina und Thailand. Bereits am 15. Februar 1942 mussten die Briten die als uneinnehmbar geltende Festung Singapur räumen, wobei die Japaner das dortige britische Kommando überrumpelten oder, wie Stanley Wolpert es formulierte, es bei

Ich bin als Bania verspottet worden. Was kann ich daran ändern? Ich bin ein geborener Bania. Ich werde ein Bania bleiben und als Bania sterben. Handel ist mein Geschäft. Ich treibe Handel mit euch und mit der Welt. Die in meinem Besitz befindliche Handelsware ist eine unschätzbare Perle ... Ich handle mit *ahimsa*. Wer von euch den Preis dafür bezahlen kann, kann sie haben ... Ihr habt ein Gelöbnis abgelegt, wonach ihr die Freiheit nur durch *ahimsa* erlangen wollt ... Heute seid ihr bereit, euch davon zu lösen ... Dieses Geschäft wird euch keine völlige Unabhängigkeit bringen.

Gandhi gegenüber Kongressmitgliedern in Wardha über sein Festhalten an der Gewaltlosigkeit nach dem Überfall Japans auf Pearl Harbor im Dezember 1941, zitiert nach: Stanley Wolpert, Gandhi's Passion, S. 200

»Gin Tonic half down« erwischten. Singapur wurde kampf-
los übergeben, mit dabei mehrere Zehntausend indische Soldaten, die bald darauf in Subhas Chandra Boses Indian National Army (INA) eine Rolle spielten.

Gandhis Gegenspieler Bose hatte sich 1941 britischem
Hausarrest durch eine atemberaubende Flucht entzogen, die
ihn über Afghanistan zunächst nach Moskau führte. Während der kurzen Phase des Hitler-Stalin-Paktes reiste er von
dort nach Berlin weiter, wo er bei der Reichsregierung um
Hilfe für die Befreiung Indiens warb. Dem Linken Bose war
es letztlich gleichgültig, ob er aus Moskau oder von den Nationalsozialisten Unterstützung bekam – für Günter Grass
ist Bose daher eine »Metapher des zwanzigsten Jahrhunderts«, weil er »die Machtmenschen« des Nationalsozialismus und des Stalinismus gleichermaßen für seine Zwecke
einzuspannen trachtete und dennoch sein Ziel verfehlte.

Die Führung des »Dritten Reiches« verhielt sich gegenüber Bose eher reserviert, Hilfe gab es nur in Form von Kurz-
wellensendungen nach Indien und der Zusage, »Azad Hind«,
das »Freie Indien« Boses, dereinst zu unterstützen. Immer-

23 Zusammenkunft des Congress Working Commitee in Sevagram, Februar 1942. 1.v.r.: Subhas Chandra Bose

hin: Briefmarken für Azad Hind wurden bereits gedruckt, und interessanterweise zeigen die insgesamt sieben Motive, abgesehen von militärischen Darstellungen und einer ganz Britisch-Indien umfassenden Landkarte, auch eine Inderin am Spinnrad – eine versteckte Bestätigung von Gandhis Propagandafeldzug für das Spinnen und/oder ein Versuch, Gandhis Bewegung zu »umarmen«?

Mit einem U-Boot gelangte Bose 1943 von Hamburg aus über das Kap der Guten Hoffnung in die Nähe von Madagaskar, wo er von einem japanischen U-Boot übernommen wurde. Über Tokio ging die Odyssee dann nach Singapur und später nach Rangun in Burma, von wo aus der Netaji (»Führer«) Bose als Oberkommandeur die indische Befreiungsarmee INA befehligte. Die knapp 50 000 Soldaten umfassende Armee – auch Frauen gehörten dazu – sah sich nur einmal, im Jahre 1944 in Assam, auf indischem Territorium in Kämpfe verwickelt. Die Vision Boses von der militärischen Befreiung seines Landes von Japans Gnaden blieb ein Traum – allerdings besaß er in Indien eine beachtliche Zahl von Anhängern, die den Radiosendungen des Kurzwellensenders Zeesen aus Deutschland lauschten und gegen die britische Herrschaft Sabotageakte und Mordaktionen durchführte. Noch heute genießt Bose in manchen indischen Kreisen einen legendären Ruf, zu dem auch sein mysteriöser Flugzeugabsturz über Taiwan 1945 beigetragen hat.

Die bedrohliche Lage Indiens angesichts der japanischen Offensive seit dem Jahresende 1941 veranlasste nun auch Churchill, auf die indische Freiheitsbewegung zuzugehen. Ende März 1942 traf auf seine Veranlassung hin Sir Stafford Cripps in New Delhi ein. Sir Stafford, ein Labour-Politiker, Freund Nehrus und Gandhis sowie Vegetarier wie jener, konnte auf eine viel beachtete Dienstzeit an der britischen Botschaft in Moskau zurückblicken. Was er den Indern nun bot, enttäuschte jedoch die Erwartungen des Kongresses auf ganzer Linie. Im Wesentlichen sah das Angebot der britischen Regierung vor, dass für die Dauer des Krieges die britische Herrschaft unvermindert aufrechterhalten, bei

Kriegsende endlich der volle Dominion-Status gewährt werden sollte. Entscheidender Pferdefuß aus Sicht des Kongresses war indes die Klausel, wonach jede indische Provinz oder jeder Staat, die oder der nicht dem künftigen Indien angehören wollte, außen vor bleiben konnten. Das war eine klare Steilvorlage für Jinnah und seine Muslim Liga, die das Angebot auch zu akzeptieren bereit waren. Der Kongress lehnte es hingegen ab, und Gandhi formulierte seinen berühmt gewordenen Vergleich: Das Angebot sei ein »nachdatierter Scheck auf eine untergehende Bank«, oder anders ausgedrückt, zu wenig zu spät. Nach drei Wochen Aufenthaltes in Indien reiste Sir Stafford unverrichteter Dinge wieder ab, worüber Churchill nicht ganz unglücklich war, denn bei einem Erfolg Cripps' wäre ihm in diesem ein veritabler Labour-Konkurrent bei den nächsten Wahlen erwachsen.

Im Kielwasser des britischen Fehlschlags entschloss sich Gandhi zu Vorbereitungen für seine letzte Satyagraha-Kampagne. Enttäuscht über das magere britische Angebot formulierte er schlicht und unmissverständlich: »Ich bin überzeugt, dass die Zeit gekommen ist, wo Briten und Inder einmütig die vollständige Trennung voneinander vollziehen sollten.« Es gebe kein gemeinsames Interesse mehr zwischen so entfernten und unterschiedlichen Völkern. Auf die Frage von Journalisten, wem die Briten die Macht in Indien übergeben sollten, antwortete der Mahatma: »Überlasst Indien Gott. Wenn das zu viel ist, überlasst es der Anarchie.«

Gandhi befand sich zu dieser Zeit in einer kritischen Phase, wobei »kritisch« durchaus wörtlich zu verstehen ist: Ein Wendepunkt schien erreicht, es war nicht auszuschließen, dass er jetzt den Pfad strikter Gewaltlosigkeit verlassen würde. »Ich habe gewartet und gewartet, bis das Land die gewaltfreie Stärke entwickelt haben sollte, um das fremde Joch abzuschütteln. Aber meine Meinung hat sich jetzt einem Wandel unterzogen. Ich spüre, dass ich nicht länger warten kann. Wenn ich fortfahre zu warten, müsste ich vielleicht bis zum Jüngsten Tag warten … Aus diesem Grund habe ich entschieden, dass selbst unter einem gewissen Risiko … ich das Volk bitten muss, der Sklaverei zu widerstehen … Das Volk besitzt nicht meine *ahimsa*, aber meine *ahimsa* sollte ihm helfen.«

Im August 1942 stellte der Kongress die neue Kampagne unter das Motto »Quit India« – »Verlasst Indien«, und Gandhi forderte »Do or Die«, »Tat oder Tod«. Diese Parole hatte er einem Gedicht Lord Tennysons entlehnt und abgewandelt. Ihre Problematik sollte sich bald zeigen: Wie wörtlich würden Fanatiker in ganz Indien die Aufforderung zur Tat nehmen?

Jinnah erklärte namens der Muslim Liga, der Schritt des Kongresses sei eine »offene Rebellion«, und er lieferte damit den Briten das Argument für die nun einsetzende Verhaftungswelle, die schließlich 60 000 Kongressanhänger in die Gefängnisse spülte. Am 9. August traf es auch Gandhi, der keine Gelegenheit mehr fand, den Massen im Lande die riskante »Tat-oder-Tod«-Parole zu erläutern. Bis zum Mai 1944 sah er sich im Palast des Aga Khan in Poona festgesetzt, weitgehend unfähig, aus der Haft heraus die Dinge zu steuern, die nun über Indien hereinbrachen.

Als August-Rebellion sind die sechs Wochen andauernden schweren Unruhen in die Geschichte eingegangen, die Teile Indiens in ihren Grundfesten erschütterten. Über 300 Eisenbahnstationen wurden angegriffen, Schienenstränge aus der Verankerung gerissen, nahezu 1000 Post- und Telegrafenämter demoliert. In einigen Städten und Regionen, wie in Ahmedabad und im südwestlichen Bengalen, bildeten sich vorübergehend Parallelregierungen. Doch dieser Aufstand, der als der erbittertste in Indien seit der großen Revolte von 1857 gilt, war eher nach dem Geschmack der Briten als die nervenzehrende Kraftprobe, die Gandhi ihnen etwa mit dem gewaltfreien Salzmarsch aufgenötigt hatte. Mit aller Härte schlugen sie die Rebellion nieder, die Polizei eröffnete mehr als 600-mal das Feuer, Rädelsführer und solche, die man dafür hielt, wurden ausgepeitscht und gelegentlich sahen sich Demonstranten auch aus der Luft beschossen. Insgesamt waren rund 1000 Tote auf Seiten der

Rebellen zu beklagen. Vor allem in den Unruheherden von Bombay, Bihar und den United Provinces stieg die Zahl der Inhaftierten auf annähernd 100 000.

Aus seinem Arrest heraus versuchte Gandhi mit dem Vizekönig ins Gespräch zukommen, was dieser jedoch ablehnte. Als Gandhi daraufhin eine 21-tägige »Kreuzigung seines Fleisches« durch Fasten begann, verpuffte die Drohung ins Leere, und Linlithgow quittierte sie nur als »politische Erpressung«.

Fraglos war diese letzte Haftzeit Gandhis die anstrengendste für ihn. Zum einen lag dies an der wieder zunehmenden Siegeszuversicht der Briten, die angesichts militärischer Rückschläge der Japaner im Pazifik und der deutschen Niederlage von Stalingrad im Februar 1943 Licht am Ende des Tunnels erblickten. Zum anderen hatte Gandhi während dieser Haft zwei schwere persönliche Rückschläge zu verkraften. Am 15. August 1942 erlag sein langjähriger Sekretär und enger persönlicher Begleiter Mahadev Desai im Gefängnis einer Herzattacke. Am 22. Februar 1944 starb seine Frau Kasturba an den Folgen einer Lungenentzündung in seinen Armen. »Wir waren ein ungewöhnliches Paar«, antwortete Gandhi auf ein Kondolenzschreiben Linlithgows – es hatte nicht weniger als 62 Ehejahre erlebt. Abgesehen von Manilal, der ja in Südafrika lebte, konnte sich Kasturba noch von all ihren Söhnen auf dem Krankenbett verabschieden, wobei die Briten im Falle Harilals wenig Takt an den Tag legten. Wohl wissend, wie sehr das Ehepaar Gandhi Alkohol verabscheute, ließen sie Harilal verwahrlost und volltrunken vor seiner Mutter erscheinen – Zeit für eine Ausnüchterungsphase hätte es durchaus gegeben. Gandhis Sorge, woher man denn im Palast des Aga Khan einen Stoß Sandelholz für die obligatorische Verbrennung der Leiche Kasturbas nehmen solle, erwies sich indessen als unbegründet: In der Erwartung seines Todes hatten die Briten bereits vorsorglich Holz für den Mahatma heranschaffen lassen. Am 6. Mai 1944 entließen die Briten Gandhi aus gesundheitlichen Gründen vorzeitig aus der Haft – der Mahatma war mittlerweile

24 Gandhi mit seiner Frau Kasturba in Sevagram, 1942

74 Jahre alt. Zwischen seiner ersten Inhaftierung in Südafrika im Januar 1908 und dieser Entlassung hatte er insgesamt fast sechseinhalb Jahre hinter Gittern verbracht.

Es ist umstritten, welchen Einfluss die August-Revolte auf die drei Jahre später erfolgende Unabhängigkeit Indiens gehabt hat. Andere Faktoren dürften vermutlich eine größere Rolle gespielt haben, nicht zuletzt auch die Furcht der vom Krieg erschöpften Briten vor einer neuen Massenkampagne Gandhis. Zwar war es ihm weder in den großen Satyagraha-Bewegungen von 1920–1922 und 1930–1932 noch während des Zweiten Weltkrieges gelungen, die fremde Macht mit einem wuchtigen Schlag aus dem Lande zu befördern. Doch steter Tropfen höhlt den Stein: Noch solch eine Bewegung gegen Ende des Krieges wäre vermutlich über die wirtschaftlichen und politischen Kräfte Londons gegangen. Wohl hatte Churchill noch im November 1942 von einer zeitlich unbefristeten Herrschaft Englands über Indien gesprochen. Aber es mehrten sich die Anzeichen für den unvermeidlichen Herbst dieser Herrschaft. Die letztlich von den Briten nicht energisch bekämpfte, furchtbare Hungersnot in Bengalen im Jahre 1943, die an die drei Millionen Todesopfer forderte, wirkte wie ein Menetekel. Indien-Kenner weisen ferner darauf hin, dass die »Indisierung« der britischen Verwaltung sowie der Armee – im Zweiten Weltkrieg stiegen erstmals auch Inder in Offiziersränge auf – seit 1939 rasche Fortschritte gemacht hatte. Umgekehrt fanden sich immer weniger Briten bereit, die Heimat für einen Dienst in Indien auch nur zeitweilig zu verlassen, ganz abgesehen davon, dass der Krieg junge Menschen in Großbritannien selbst forderte. Ferner hatten sich die wirtschaftlichen Gewichte im britisch-indischen Verhältnis verschoben: Die zäh und verbissen geführte *swadeshi*-Kampagne, die britische Exporte nach Indien sinken ließ, machte den indischen Markt für England zunehmend uninteressant. Schließlich lässt sich sagen, dass das Kronjuwel Indien dem Empire bei Ende des Krieges immer teurer zu stehen kam. Aus einem jahrhundertelangen Schuldner Englands war 1945 ein Gläubiger geworden. Rund eine Million Pfund betrugen die Guthaben Indiens bei britischen Banken. Grund dafür war der beachtliche Beitrag Indiens zur britischen Kriegsführung. Nicht nur kämpften zwei Millionen Inder an verschiedenen Fronten für die Sache der Alliierten, sondern der Subkontinent produzierte auch große Mengen an Waffen, Uniformen und Lebensmitteln.

Alles in allem war aufmerksamen Beobachtern in England und Indien klar, dass die Tage der britischen Herrschaft gezählt waren. Lord Wavell, der Nachfolger Linlithgows im Amt des Vizekönigs, schrieb im Oktober 1946: »Unsere Zeit ist begrenzt und unsere Macht, die Ereignisse zu kontrollieren, beinahe dahin.«

Der Preis der Freiheit

Aus der Haft entlassen und nach einer kurzen Erholungs-
phase nutzte Gandhi die Tatsache, dass die führenden
Kongressmitglieder immer noch im Gefängnis saßen, zu einer Gesprächsrunde mit seinem Rivalen Jinnah. Zwischen
dem 9. und 27. September 1944 trafen sich die beiden Größen
der indischen Freiheitsbewegung, um über die Zukunft Britisch-Indiens zu beraten. Jinnah erhoffte sich von den Unterredungen die Anerkennung seines Pakistan-Projektes durch
Gandhi, während jener das genaue Gegenteil anstrebte.
Gandhi sah in der Pakistan-Idee einen Reflex der britischen
»Teile-und-herrsche«-Strategie, er forderte zunächst die Unabhängigkeit des ungeteilten Indiens. Erst später sollte die
Autonomie in jenen mehrheitlich von Muslimen bewohnten
Regionen in Aussicht genommen werden, und das auch nur,
wenn sich die dort lebenden Muslime dafür aussprachen.
Wie Dieter Rothermund gezeigt hat, machte Gandhi in den
Gesprächen mit Jinnah den Fehler, bereits vor der Teilung Indiens den Abschluss eines Staatsvertrages zu fordern. Dies
war unsinnig, denn ein solcher Vertrag konnte nun einmal
nur zwischen souveränen Staaten geschlossen werden, er
setzte also geradezu Indien und Pakistan voraus. Jinnah tri-
umphierte, und Gandhi hatte einmal mehr bewiesen, dass
die juristische Feinarbeit im Umgang mit dem Gegner nicht
seine stärkste Seite war. Jinnah lehnte Gandhis Plan ohnehin
ab, der im Übrigen bereits früher einmal von dem Kongress-
Veteranen C. Rajagopalachari in ähnlicher Form vorgeschla-
gen worden war. In Abwandlung eines früheren Urteils
Gandhis über Sir Stafford Cripps formulierte Jinnah: »Warum ist Gandhi zu mir gekommen, wenn er doch nichts
Besseres anzubieten hatte?« Gandhi seinerseits urteilte abschließend über Jinnahs Pakistan-Pläne: »Mr. Jinnah ist aufrichtig, aber ich denke, er leidet unter Halluzinationen, wenn
er sich einbildet, dass eine unnatürliche Teilung Indiens den

betroffenen Menschen entweder Glück oder Wohlstand bringen könnte.« Die fehlgeschlagene Gesprächsrunde markierte das Ende der eigenmächtigen Versuche Gandhis, eine wichtige Rolle in der Vermittlung zwischen dem Kongress, den Briten und der Liga zu spielen. Gleichwohl wirkte er noch unterstützend im Hintergrund auf Nehru und Patel sowie den muslimischen Kongressvorsitzenden Maulana Azad ein.

Am 14. Juni 1945, wenige Wochen nach dem Ende des Zweiten Weltkrieges in Europa, schlug Vizekönig Lord Wavell vor, den ihm nachgeordneten Exekutivrat um einige indische Politiker zu erweitern, zugleich verfügte er die Freilassung der noch inhaftierten Kongressmitglieder. Von Ende Juni bis Mitte Juli fand im nordindischen Simla (heute Shimla) eine Allparteienkonferenz statt, an der auch Gandhi teilnahm. Auf allen Bahnstationen, die er auf dem Weg nach Simla passierte, begrüßten ihn begeisterte Menschenmassen, die vor Freude völlig aufgelöst waren.

Die Konferenz scheiterte, weil Jinnah sich mit seiner Forderung gegenüber Wavell durchsetzte, wonach seine Muslim Liga allein die muslimischen Vertreter in dem erweiterten Rat bestimmen sollte, und ferner die Muslime insgesamt

25 v. l. n. r.: Gandhi, Jawaharlal Nehru und Maulana Azad, August 1935

so stark vertreten sein sollten, wie alle anderen Mitglieder zusammen. Dass Jinnah die Simla-Konferenz zum Scheitern bringen konnte, und die Briten offenbar nicht daran dachten, die Konferenz einfach ohne ihn fortzusetzen, bewies die stark gewachsene politische Statur Jinnahs und wohl auch die Sympathien Londons für seine Pakistan-Strategie.

Nur wenige Tage nach dem Treffen in Simla änderten sich die Rahmenbedingungen für den an Fahrt gewinnenden Unabhängigkeitsprozess in Indien dadurch, dass völlig überraschend die Labour Party unter Clement Attlee in England die Regierung Churchills ablöste. Alles in allem galt Labour im Umgang mit dem indischen Problem als flexibler, insbesondere jedoch im Vergleich zu Churchill. Und als ob es noch eines weiteren Anstoßes in Richtung britischer Machterosion auf dem Subkontinent bedurft hätte, wirkte der fehlgeschlagene Versuch der Briten in Neu-Delhi, drei ehemalige Offiziere der Indian National Army nach einem Gerichtsverfahren ins Gefängnis zu stecken. Zu populär war die INA in der Bevölkerung und zu geschickt war die Verteidigung der Angeklagten durch die politischen Stars Nehru und Jinnah, sodass die Verurteilten mit Bewährungsstrafen davonkamen. Eine Revolte von Matrosen der Royal Indian Navy in Bombay unterstrich schließlich im Februar 1946 die Tatsache, dass die Briten ernsthafte Probleme hatten, den Gang der Dinge in Indien zu kontrollieren.

Mit den Atombombenabwürfen der Amerikaner auf Hiroshima und Nagasaki am 6. und 9. August 1945 fand der Zweite Weltkrieg in Ostasien sein dramatisches Ende. Viele Menschen in aller Welt richteten ihre Aufmerksamkeit angesichts dieses Ausbruches an unvorstellbarer Gewalt auf Gandhi, den glaubwürdigen Apostel der Gewaltlosigkeit. Erstaunlicherweise schwieg Gandhi für geraume Zeit zu den Kernexplosionen. Der Grund dafür lag wohl vor allem in seiner Unsicherheit, wie die Großen Drei – Attlee, Truman und Stalin – in ihrer Haltung gegenüber einem in nicht allzu ferner Zukunft freien Indien zu beurteilen seien. Misstrauen hegte er gegenüber allen Dreien, auch wenn Roosevelt – als

Vorgänger Trumans im Amt des amerikanischen Präsidenten bis zu seinem Tod im April 1945 – bei Churchill auf die
Unabhängigkeit Indiens gedrängt hatte. Erst im Februar
1946 äußerte sich Gandhi öffentlich über die Atombombe. In
seiner Wochenzeitung ›Harijan‹ schrieb er nun wiederholt,
dass der Abwurf der Bomben feige gewesen sei, und er ließ
Zweifel erkennen, ob denn dadurch der militärische Geist
Japans tatsächlich zerstört worden sei. Zerstört worden sei
aber sicherlich die Seele des Inselreiches. In Zukunft, so
Gandhi, komme es mehr denn je darauf an, dem atomaren
Schrecken das Prinzip der Gewaltfreiheit entgegenzusetzen.
Allerdings wusste er wohl um die Schwierigkeit, neue Formen des gewaltfreien Widerstandes angesichts der Tatsache
zu entwickeln, dass eine Atombombenzündung irgendwo
anonym von einem Schreibtisch aus dirigiert wurde und
sich somit die Adressaten einer Satyagraha-Aktion nicht,
wie in Indien erprobt, in Gestalt leibhaftiger Soldaten, Polizisten und Politiker präsentierten.

Doch zurück zu den Ereignissen, die Indiens Unabhän-

Jawaharlal Nehru
(1889–1964)
Als kaschmirischer Brahmane, dessen Vater Motilal ein
wohlhabender Anwalt und
Kongresspolitiker war, studierte Nehru in Cambridge
Jura und bestand das Anwalt-
examen im Jahre 1912. Einerseits überzeugter Sozialist,
andererseits auch ein Anhänger Gandhis, nahm Nehru an
verschiedenen Kampagnen
der Nicht-Zusammenarbeit
teil und saß im Jahre 1930
dem INC vor. Anfang der
1940er Jahre erklärte Gandhi
ihn zu seinem Nachfolger,
und als solcher übernahm er
in der Übergangsregierung
von 1946/47 den Posten des
Vizepräsidenten im Rat des
britischen Vizekönigs. Seit
der Unabhängigkeit seines
Landes Mitte August 1947
bekleidete er das Amt des
Premierministers. In dieser
Funktion setzte er sich mit
Nachdruck für die Festigung
der indischen Demokratie
ein, schuf die Grundlagen für
eine staatlich gelenkte Wirt-
schaftsentwicklung und vertrat außenpolitisch einen
Kurs der Blockfreiheit im Kal-
ten Krieg.

gigkeit herbeiführten. Von Simla aus reiste Gandhi über Wardha nach Bombay, wo im September 1945 das Arbeitskomitee des Kongresses tagte. Doch gezeichnet vom Alter und einer schweren Grippe musste Gandhi seine Teilnahme absagen. Stattdessen schrieb er Nehru, dem kommenden Premierminister Indiens, nachdem sie zuvor ausführlich über die Zukunft des Landes diskutiert hatten. Während Nehru für die Modernisierung und Industrialisierung Indiens unter sozialistischem Vorzeichen eintrat, verfocht Gandhi noch einmal seine Grundgedanken aus ›Hind Swaraj‹ aus der Zeit vor dem Ersten Weltkrieg. Er sah in einer gigantischen Republik von Dörfern das einzige Mittel, der politischen Freiheit Indiens die wirtschaftliche und soziale hinzuzufügen. Gandhi schrieb, sein ideales Dorf bestehe zwar vorerst nur in seiner Vorstellung, aber immerhin: »In diesem Dorf meiner Träume wird sein Bewohner nicht stumpfsinnig sein … Er wird nicht wie ein Tier in Schmutz und Dunkelheit leben. Männer und Frauen werden in Freiheit leben … Es wird keine Pest, keine Cholera und keine Pocken geben. Jedermann wird körperliche Arbeit verrichten.« Er schloss, durchaus um seine Meinungsunterschiede gegenüber Nehru wissend, mit Worten, die einem Vermächtnis gleichkamen: »Obwohl ich mir vornehme, 125 Jahre Dienst zu tun, bin ich doch ein alter Mann, während Sie relativ jung sind. Deshalb habe ich gesagt, dass Sie mein Erbe sind … Ich sollte wenigstens meinen Erben verstehen, und mein Erbe sollte umgekehrt mich verstehen.«

Gandhi hielt nun kaum mehr längere Reden in der Öffentlichkeit, vielmehr lud er zu offenen Betstunden ein, die etwa in Bengalen nicht selten von 100000 Menschen besucht wurden.

Die politische Entwicklung in Indien gestattete es Gandhi indessen nicht, sich völlig zurückzuziehen. Aus den ersten Wahlen seit neun Jahren im Dezember 1945/Januar 1946 ging zwar der Kongress in den meisten Wahlkreisen erneut als klarer Sieger hervor, aber im Gegensatz zu dem letzten Urnengang von 1937 schnitt Jinnahs Muslim Liga nun deut-

26 Gebet am
Meer, Juhu,
Bombay , Mai
1944

lich besser ab. Nicht nur gingen alle 30 der in der zentralen
Gesetzgebenden Versammlung für Muslime reservierten
Sitze an die Liga, sondern darüber hinaus auch die weitaus
meisten Muslimmandate in den Provinzen. Damit sah sich
Jinnah bestätigt: Nur die Liga war legitimiert, muslimische
Interessen zu vertreten, der Kongress hingegen konnte nicht
mehr für sich in Anspruch nehmen, ganz Indien zu reprä-
sentieren. In der Folge schaukelten sich Hindu-Muslim-
Animositäten vor allem in Bengalen gefährlich auf, die Gan-
dhi unter den Hindus mit Aufrufen zur Liebe gegenüber den
Muslimen zu besänftigen suchte.

Ausgerechnet am »Pakistan-Tag« der Muslime, dem sechs-
ten Jahrestag der Lahore-Resolution von 1940, traf am
23. März 1946 eine dreiköpfige Regierungsdelegation unter
Leitung von Lord Pethick-Lawrence aus England in Indien
ein. Ihre Aufgabe bestand darin, auf dem Wege zur Unabhängigkeit Indiens eine Lösung für den grabentiefen Konflikt zwischen der Liga und dem Kongress zu finden. Vor allem auf die Arbeit des Delegationsmitglieds Sir Stafford
Cripps ging ein anspruchsvoller Konföderationsplan für das
künftige freie Indien zurück, der bei seiner Annahme durch
die streitenden Parteien womöglich Hunderttausende Men-
schenleben gerettet und die Teilung Britisch-Indiens verhin-

dert hätte. Vereinfacht ausgedrückt sah der Plan eine relativ schwache Zentralregierung vor, die für Äußeres, Landesverteidigung, Kommunikation und bestimmte Finanzfragen zuständig sein sollte. Ganz Indien sollte in drei Zonen geteilt werden. Zone A würde Provinzen mit Hindu-Mehrheiten umfassen und etwa dem Indien vom Jahr der Unabhängigkeit 1947 entsprechen. Zone B umfasste den Punjab sowie die nordwestlichen Provinzen mit Muslim-Mehrheiten, jene Gebiete also, die später im Wesentlichen das westliche Pakistan ausmachten. In Zone C fanden sich die Teile Bengalens im Osten, die eine Muslim-Mehrheit besaßen und zum Teil das spätere Ostpakistan bzw. das heutige Bangladesh umfassten sowie die Hindu-Mehrheitsgebiete von Assam. Weitgehend autonom in ihren inneren Angelegenheiten, sollte jede der drei Gruppen die auf ihrem Gebiet befindlichen Fürstenstaaten integrieren. Schließlich sah der Plan die Möglichkeit für örtliche Provinzregierungen vor, aus einer Zone auszutreten, sollte die Mehrheit der dortigen Bevölkerung dies wünschen.

Als die britische Delegation am Ende gemeinsamer fruchtloser Verhandlungen mit Vertretern von Kongress und Liga im kühl-vornehmen Simla am 16. Mai ihren Plan als eine Art Kompromiss vorlegte, zeigte sich Gandhi sofort angetan. Den Muslimen würde so etwas wie Pakistan gegeben und die von ihm gefürchtete »Vivisektion« Indiens gerade noch verhindert werden können.

Es war der kommende starke Mann des Kongresses und künftige Premierminister Indiens, Nehru, der den Plan lediglich als Versuch der Briten deutete, wieder einmal dem Prinzip »Teile und herrsche« zur Geltung zu verhelfen. Obwohl er sich ausgesprochen gut mit dem neuen Vizekönig und künftigen ersten britischen Generalgouverneur in Indien, Lord Mountbatten, verstand – mindestens ebenso gut verstand er sich jedoch mit Mountbattens Gattin Lady Edwina Ashley –, erkannte Nehru in dem Delegationsplan zu weitreichende Zugeständnisse an Jinnahs Pakistan-Konzept. Jinnah seinerseits, tödlich gezeichnet von Tuberkulose und Lungenkrebs, erklärte sich aus pragmatischen Gründen mit dem britischen Vorschlag einverstanden.

In seiner Funktion als neu gewählter Kongress-Präsident erklärte Nehru auf einer ersten Pressekonferenz, keine künftige verfassunggebende Versammlung werde sich durch vorab beschlossene Pläne zur Gestaltung Indiens binden lassen. Das war zu viel für Jinnah. Er verstand Nehrus Position dahingehend, dass dieser die britischen Vorschläge rundweg ablehne und berief das Arbeitskomitee der Muslim Liga zu einer Sitzung ein. Wichtigstes und tragisches Ergebnis war am 16. August die Ausrufung eines »Direkten Aktionstages« der Liga mit dem Ziel, dem Pakistan-Projekt Nachdruck zu verleihen. Umgehend sahen sich Teile Indiens in ein grauenhaftes Blutbad gestürzt. Von Jinnah wohl nicht beabsichtigt, fielen zunächst in Kalkutta Angehörige der unterschiedlichen Volksgruppen mit äußerster Brutalität übereinander her. Als das »Große Töten von Kalkutta« sind die Mordaktionen in die Geschichte eingegangen, bei denen rund 4000 Menschen ihr Leben verloren und etwa 1500 verwundet wurden. Der verantwortliche Minister und örtliche Muslim-Liga-Führer, Suhrawardy, hatte die Polizei für diesen Tag beurlaubt und zunächst auch nicht die Armee gerufen, um das Morden zu beenden.

Im Oktober 1946 brach der Sturm der Gewalt über Bengalen und Bihar herein, wo allein 7000 Menschen umgebracht wurden. Im Punjab schließlich starben seit Februar 1947 binnen fünf Monaten rund 5000 Menschen – Muslime, Hindus und Sikhs.

Mitten in diesem vielerorts totalen Chaos traf London weitere Entscheidungen für die Unabhängigkeit Indiens. Anfang September 1946 setzte die britische Regierung eine indische Übergangsregierung mit Nehru als Premierminister ein, in welche die Muslim Liga im Oktober nach einigem Zögern eintrat. Am 20. Februar 1947 nannte Premierminister Attlee den Juni 1948 als Monat der indischen Unabhängigkeit, gleichzeitig beauftragte er Lord Mountbatten als neuen und letzten Vizekönig, das Ende der britischen *Raj* herbeizuführen. Bei seiner Ankunft in Indien legte sich Mountbatten auf den 15. August 1947 als Tag der Unabhängigkeit fest.

Ungeachtet der Gewaltausbrüche in Folge des »Direkten Aktionstages« hielt Gandhi an seinem Kurs der strikten Gewaltlosigkeit fest. Als er im Oktober 1946 auf dem Wege zu seinem Sevagram-Ashram bei Wardha Station in Delhi machte, erreichten ihn Meldungen über blutige Auseinandersetzungen im ostbengalischen Distrikt von Noakhali. Die dortige Hindu-Minderheit sah sich von ihren muslimischen Nachbarn angegriffen, die Frauen vergewaltigt und zwangsweise zum Islam bekehrt. In Gandhis Umgebung wurden Stimmen laut, die ihn baten, mit Hilfe des Fastens die streitenden Parteien zum Einlenken zu zwingen. Gandhi verwies darauf, dass seine innere Stimme ihm dazu nicht riete, er aber darauf vertraue, dass Gott ihm die Stunde seines Einsatzes mitteilen werde. Dann, Ende des Monats, brach er endlich zu seiner ersten Pilgerwanderung über den blutgetränkten Boden Noakhalis auf. Von Kalkutta aus ging die Reise zunächst per Bahn und Boot ostwärts, bis er seinen Weg von Dorf zu Dorf zu Fuß fortsetzte. Er richtete sich auf monatelanges Pilgern ein, und er war sich darüber im Klaren, dass diese Aktion die mit Abstand gefährlichste aller seiner Friedensmissionen werden würde. Oft schlief er unter dem Dach einer Hütte, die von Muslimen bewohnt war, nicht gerade zur Erbauung seiner Hindu-Anhänger. Themen seiner Ansprachen waren *satyagraha* und die Bedeutung von *ahimsa*. »Do or Die«, das war seine Devise, die ihn auch in Bengalen

---

Lord Mountbatten of Burma (1900–1979)

Als Mitglied des britischen Adels diente Mountbatten während des Zweiten Weltkrieges als Oberster Alliierter Kommandeur für Südostasien. Von März bis August 1947 begleitete er als letzter britischer Vizekönig den Übergang Indiens in die Unabhängigkeit, von August 1947 bis Juni 1948 war er Generalgouverneur in Indien. Mountbatten fiel einem Bombenattentat der Irisch Republikanischen Armee auf seine Segelyacht zum Opfer.

hielt, als Nehru und der noch amtierende Vizekönig Wavell ihn zu Gesprächen nach Delhi riefen.

Sein rastloses Auftreten in Noakhali zeitigte zunächst keine Erfolge. Geflohene Hindu-Familien weigerten sich, in ihre Dörfer zurückzukehren, solange die muslimischen Mörder noch frei herumliefen. Verzweifelt schrieb Gandhi, er sei niemals in solch einer Dunkelheit wie jetzt gewesen. Trost fand er in der Begleitung seiner Großnichte Manu. Für Gandhi war die junge Frau so etwas wie ein Wanderstab, auf den der bald Achtzigjährige sich zuverlässig stützen konnte. Gandhi nahm Manu nur unter der Bedingung mit auf seine Wanderungen, dass sie für immer bei ihm bleiben würde. Das Verhältnis Gandhis zu Manu ist immer wieder Gegenstand von Spekulationen in dem Sinne gewesen, ob der alte Mann sein *brahmacharya*-Gelübde konsequent eingehalten habe. Wiederholt fand man die beiden zusammen nackt im Bett liegen und auch mit anderen Frauen teilte Gandhi zu dieser Zeit gelegentlich die Lagerstatt. Die Erklärungen Gandhis vermochten die Zeitgenossen nicht recht zu überzeugen. Sie reichten vom Verweis auf seine Erschöpfung in einer Umgebung, die von physischer und moralischer Kälte geprägt gewesen sei über die These von extremen Selbstzuchttests bis zu der Behauptung, er führe ein gewaltiges Experiment durch, an dessen Ende er als »Eunuch Gottes« stehen werde. Entrüstet über das Verhalten Gandhis quittierte sein Kurzschrift-Sekretär Parasuram am Neujahrtag 1947 den Dienst und verließ ihn.

Der Gandhi-Kenner Bhikhu Parekh macht darauf aufmerksam, dass Gandhis Zölibat lange Zeit absolutes Tabuthema in der Gandhiforschung gewesen sei, erst in jüngster Zeit gehe auch der offizielle Herausgeber der Schriften Gandhis lockerer damit um. Aufschluss könnten wohl die existierenden Tagebücher Manus geben, die jedoch, so Parekh, zuletzt im Jahre 1963 gesehen worden seien.

Gandhis persönliche Schwierigkeiten während seines Aufenthaltes in Noakhali wurden verstärkt durch die Weigerung der örtlichen Muslime, mit den Hindus wieder zusammenzuarbeiten, solange er, Gandhi, dort weile. Mit tiefen Zweifeln darüber, ob er den Test Gottes zur Durchsetzung von *ahimsa* am Ende bestehen werde, verließ Gandhi Anfang März 1947 Noakhali in Richtung Bihar, um dort gegen den Unwillen der örtlichen Kongressführung herauszufinden, warum in dieser Provinz die Muslime von den Hindus getötet worden waren. In dem zu Bihar gehörenden Champaran hatte einst die beispiellose Karriere Gandhis begonnen, nun beklagte er die Ermordung einer Handvoll Muslime durch die ansässigen Hindus. »Wir sollten die Gewalt durch Liebe überwinden«, forderte er, und: »Sind wir dabei, mit der Atombombe zu wetteifern?«

Der Mut Gandhis, sich mitten in die einander schlachtenden Bevölkerungsgruppen vor allem Noakhalis zu begeben und seine Lehre von der Gewaltlosigkeit aufrechtzuhalten, hat Sumit Sarkar zu dem bemerkenswerten Urteil geführt, dass dies die »edelste Stunde« des Mahatma gewesen sei, mehr noch als der berühmte Salzmarsch von 1930. Und er fügte hinzu: »Gandhis einzigartige persönliche Qualitäten und wahre Größe waren niemals sichtbarer als in den letzten Monaten seines Lebens«, als er seine leidenschaftliche Abscheu gegen die religiösen Auseinandersetzungen und seine »totale Verachtung konventioneller Formen politischer Machtausübung« an den Tag legte.

Einer Einladung Mountbattens folgend, kam Gandhi Ende März 1947 nach Delhi. Auf die Frage des Vizekönigs, wie man das Morden im Lande beenden könne, antwortete Gandhi mit einem frappierenden Vorschlag. Man solle Jinnah eine Regierung seiner Wahl führen lassen und seinen Pakistan-Plan noch vor der Machtübergabe durch die Briten zur Abstimmung stellen. Nehru reagierte völlig ablehnend, Gandhi fehle offenbar jede Ahnung über die tatsächlichen Machtverhältnisse im Lande. Auch Gandhis alter Weggefährte Vallabhbhai Patel, der inzwischen als einflussreicher Kongressvize amtierte, verwarf das Ansinnen Gandhis. Beide, Nehru und Patel, waren des endlosen Gezerres mit Jinnah überdrüssig und wollten jetzt an die Macht. Resigniert

27 Rede am Bahnsteig, Kushtia/Bengalen, November 1946

resümierte Gandhi: »Keiner hört mehr auf mich, ich bin ein kleiner Mann.«

Nun machte er erstmals auch direkte Bekanntschaft mit Fanatikern der nationalistischen Hindu-Organisation »Rashtriya Swayamsevak Sangh« (etwa: Nationale Selbsthilfevereinigung, RSS), die ihn rüde daran hinderten, in einem Tempel zu beten. Anfang April sah er sich bei einer anderen Veranstaltung erneut von RSS-Anhängern gestört, doch glaubte er immer noch, dass sie ihn in Wahrheit liebten, obwohl er längst wegen seines konsequenten Eintretens für die Unberührbaren vor allem die Achtung vieler Brahmanen verloren hatte.

Im April erkannte Gandhi endlich, dass Mountbatten längst die Idee einer Regierungsübertragung auf Jinnah verworfen hatte und voll und ganz auf Nehru setzte. Der Vizekönig notierte in seinen streng geheimen Aufzeichnungen die tiefe Enttäuschung Gandhis darüber, dieser wiederum sah sich noch zusätzlich dadurch in die Enge getrieben, dass ihn nun zunehmend kritische und auch beleidigende Briefe erreichten. Als »Mahmud Gandhi« wurde er tituliert oder auch als »Jinnahs Sklave«. Entgegen dem dringenden Rat Nehrus, es nicht zu tun, suchte Gandhi Anfang Mai Jinnah in Delhi auf, um mit ihm vielleicht ein letztes Mal einen Weg zu finden, der die Teilung des Landes verhindern würde. Tatsächlich wurde es ihr letztes gemeinsames Gespräch überhaupt, und es verlief ergebnislos. Gandhi, so Wolpert, wollte seine Mutter Indien vor dem Tod durch Vivisektion retten, Jinnah seinem Kind, Pakistan, durch die Teilung Indiens zur Geburt verhelfen.

Mitte Juli 1947 verabschiedete das britische Unterhaus den »Indian Independence Act«, mit dem das britische Indien als Indien und Pakistan um Mitternacht des 14./15. August in die Unabhängigkeit entlassen werden sollte. Innerhalb eines Monats musste nun alles geteilt werden: Eisenbahnen, Steuereinnahmen, die Armee, die Polizei, Berge von Material einschließlich Papier und Bleistifte – alles nach einem Schlüssel 82,5 Prozent für Indien und 17,5 Prozent für Pakistan. Ein britischer Magistrat stand an der Spitze einer aus Hindus und Muslimen bestehenden Kommission, welche den Grenzverlauf zwischen den beiden Ländern festzulegen hatte. Dabei wurde der Punjab im Westen und Bengalen im Osten geteilt, sodass eine muslimische Mehrheit westlich der neuen Grenze im Westen und östlich jener neuen im Osten leben würde. Ganze Dörfer sahen sich geteilt, ehemals friedlich nebeneinander lebende Muslim- und Hindu-Familien getrennt. Sobald die neue Grenzziehung bekannt wurde, setzten sich gewaltige Menschenmassen in Grenznähe in Bewegung. Hindus, Sikhs und Muslime suchten fluchtartig den Schutz auf der jeweils anderen Seite der Demarkationslinie, wo sie zur Mehrheitsbevölkerung gehören würden. Rund zehn Millionen Menschen erfasste dieser in der jüngeren Geschichte beispiellose Exodus, der begleitet wurde von zahllosen Gewalttaten aller beteiligten Gruppen, die etwa eine Million Todesopfer forderten. Auch der gegenwärtige

pakistanische Staatspräsident Musharraf verließ als Kind mit
seinen Eltern die Heimatstadt Delhi in Richtung Pakistan.

Hart betroffen von der Grenzziehung war insbesondere
die Gruppe der überwiegend muslimfeindlichen Sikhs im
Punjab, die durch die Teilung nun dem muslimischen Pakistan ausgeliefert waren. Sie zahlten einen außerordentlich hohen Blutzoll und fanden schließlich eine neue Heimat in dem
bei Indien verbliebenen Rest-Punjab. Tara Singh (1885–1967),
der bedeutendste politische Führer der Sikhs, formulierte
die Situation seiner Volksgruppe so: »Die Muslime haben ihr
Pakistan und die Hindus ihr Hindustan bekommen. Aber
was haben die Sikhs bekommen?«

Die Fürstenstaaten wurden dazu gedrängt, sich entspre-
chend ihrer geografischen Lage einem der beiden neuen
Staaten anzuschließen. Vor allem das von einer deutlichen
Muslim-Mehrheit bewohnte Kaschmir im Himalaya stellte
in dieser Hinsicht ein Problem dar, denn hier herrschte zu-
gleich eine Hindu-Dynastie mit einem Maharadja an der
Spitze. Von Mountbatten nach der Hauptstadt Kaschmirs,
Srinagar, entsandt, um eine Lösung zu finden, kehrte der
Mahatma jedoch unverrichteter Dinge wieder zurück.
Gandhi schwebte vor, die Menschen in Kaschmir selber über
ihre Zukunft abstimmen zu lassen, doch dazu sollte es nicht
kommen, und der Hindu-Maharadja von Kaschmir suchte
sein Heil an der Seite Indiens. Als fatale Konsequenz dieser
Entwicklung führten Pakistan und Indien über mehrere
Jahrzehnte Kriege um die Vorherrschaft in Kaschmir. Allerdings offenbarte Gandhis Selbstbestimmungsidee für die
Kaschmiris erneut seine gewisse Nonchalance im Umgang
mit Verfahrensfragen: Es war kein Grund zu erkennen, warum den Bewohnern Kaschmirs als einziger Bevölkerungs-
gruppe ein solches Mandat zugesprochen werden sollte, anderen von der Teilung betroffenen Menschen jedoch nicht.

Von Kaschmir reiste Gandhi gemeinsam mit Manu über
Lahore in Richtung Kalkutta. Angesichts des nahenden Un-
abhängigkeitstages erklärte er, er wolle nicht an den Feier-
lichkeiten in Delhi teilnehmen. Ganz Indien bleibe seine Hei-

mat, ließ er wissen, künftig werde er in Pakistan und in Indien leben. Für den 15. August lud er jedermann zum Fasten ein, nach Feiern war ihm nicht zumute. »Wir haben keine Körner zum Essen, keine Kleidung ... kein Öl. Warum also feiern? An diesem Tag müssen wir fasten, das Spinnrad laufen lassen und zu Gott beten.«

Die Tatsache, dass auch der Kongress endlich im Juni mit erstaunlich deutlichen 153 zu 29 Stimmen bei einigen Enthaltungen dem Teilungsplan zugestimmt hatte, erfüllte Gandhi mit tiefer Enttäuschung. Die Teilung bedeutete für ihn eine »spirituelle Tragödie«, und er beklagte, dass »32 Jahre Arbeit zu einem ruhmlosen Ende geführt« hätten. Der frisch gewählte Kongress-Präsident und bewährte Weggefährte Gandhis, Acharya Kripalani, begründete in einer Rede seine Entscheidung: »Ich war dabei«, rief er aus, »als sich Frauen und Kinder, alles in allem 107 Menschen, in einen Brunnen stürzten, um ihre Ehre zu retten. An einem anderen Ort, einer Gebetsstätte, wurden 50 junge Frauen aus demselben Grund von ihren Männern getötet ... Diese schrecklichen Erlebnisse haben zweifelsfrei meine Haltung zu der Frage beeinflusst, die sich uns bezüglich der Teilung gestellt hat. Einige Mitglieder haben uns vorgeworfen, dass wir diese Entscheidung aus Angst getroffen haben. Ich gebe das zu, aber nicht in dem Sinn, in dem der Vorwurf gemacht wurde ... Wir fürchten uns, weil wir, wenn wir weiterhin Vergeltungsmaßnahmen und Unwürdigkeiten auf uns häufen, langsam aber sicher in den Zustand des Kannibalismus oder in einen noch schlimmeren abgleiten ... Ich kenne Gandhi seit nunmehr 30 Jahren ... Ich war in Champaran bei ihm. Ich war ihm immer treu ergeben ... Warum bin ich dann nicht mehr auf seiner Seite?« Obwohl Kripalani betonte, dass Gandhi wohl mit seiner »äußersten Furchtlosigkeit« im Recht sei, müsse er auf die kurze Frage diese klare Antwort geben: »Weil er noch keinen Weg gefunden hat, das Problem auf Massenbasis zu lösen.« Das Land, so der amerikanische Journalist und Gandhi-Kenner Louis Fischer, reagierte nicht auf des Mahatmas Bitten um Frieden und Brüderlichkeit.

Am 10. August traf Gandhi in Kalkutta ein, wo es ihm gelang, mit jenem Minister und Muslim-Liga-Führer Suhrawardy Frieden zu schließen, der ein Jahr zuvor zumindest wenig unternommen hatte, das »Große Kalkutta-Töten« zu verhindern.

Gandhi schlief in jener Nacht, als Indien und Pakistan in die Unabhängigkeit entlassen wurden. So bekam er auch nicht die bedeutendste Rede in der Geschichte Indiens mit, die Nehru kurz vor Mitternacht gehalten hatte. »Rendezvous mit der Vorsehung« lautete etwa in deutscher Übersetzung das Leitmotiv der Ausführungen Nehrus, in denen er Indien eine große Zukunft versprach. Nach der Rede suchte er Mountbatten auf, um ihn zu bitten, die Funktion des ersten Generalgouverneurs in Indien zu übernehmen. Bei dieser Gelegenheit erinnerte Mountbatten an die Leistungen Mahatma Gandhis – »dem Architekten unserer Freiheit durch Gewaltfreiheit«. Gern übernahm er die ihm angetragene Position, die er interessanterweise Gandhi niemals angeboten hatte.

Gandhis Gegenwart in Kalkutta trug wesentlich dazu bei, dass es in dieser Riesenstadt während der Unabhängigkeitsfeiern ruhig blieb. Menschenschlangen passierten das Haus, in dem er wohnte und huldigten ihm. Während seiner Gebete wurden immer wieder Rufe laut wie »Lang lebe Indien«. Suhrawardy tat nun hinter den Kulissen sein Bestes, leidliche Harmonie zwischen den verfeindeten Bevölkerungsgruppen zu pflegen.

Gandhi hatte zum ersten Mal seit langem wieder Grund sich zu freuen. Das gemeinsame Feiern von Hindus und Muslimen in Kalkutta ließ Gutes erhoffen. »Wir haben das Gift des gegenseitigen Hasses getrunken, und so schmeckt dieser Nektar der Verbrüderung umso süßer und die Süße soll niemals vergehen.«

In anderen Teilen Indiens ging das Morden unvermindert weiter und die Flüchtlingsströme ergossen sich bis nach Delhi und Bombay. Selbst am Unabhängigkeitstag erreichte ein Eisenbahnzug den Bahnhof von Amritsar aus Richtung

Pakistan, der mit Leichen gefüllt war und auf dem letzten Waggon den aufgemalten Gruß »Unabhängigkeitsgeschenk für Nehru« trug. Im Punjab erreichten die Brutalitäten einen neuen Höhepunkt, und Nehru bat Gandhi, dort seine »heilende Gegenwart« einzusetzen. Mit dem Blick auf Gandhis segensreiches Wirken in Bengalens Metropole Kalkutta schmeichelte Mountbatten Gandhi denn auch mit den Worten: »Im Punjab haben wir 55 000 Soldaten und gewaltige Unruhen. In Bengalen bestehen unsere Truppen aus einem Mann, und es gibt keine Unruhen.« Weiter schrieb er an Gandhi: »Darf ich meine Hochachtung vor unserer Ein-Mann-Grenzwache zollen, nicht zu vergessen seinen zweiten Mann, Mr. Suhrawardy.«

Aber in der Nacht vom 31. August zerbrach auch der labile Frieden von Kalkutta. Ein aufgebrachter Hindu-Mob griff das Haus an, in dem Gandhi mit seinen Anhängern schlief. Die Anführer hatten es eigentlich auf Suhrawardy abgesehen, den sie ebenfalls in dem Gebäude vermuteten, was jedoch nicht zutraf. Der Muslim-Führer wurde beschuldigt, für den Mord an mehreren Hindus verantwortlich zu sein. Am nächsten Tag begann Gandhi mit einer Fastenaktion, um Hindus und Muslime in Kalkutta zum Einlenken zu bewegen. Die Angst vor dem Ableben des geschwächten Mahatma führte prominente bengalische Politiker an sein Bett: Der Muslim Suhrawardy befand sich ebenso darunter wie sein religiös-politischer Antipode, der bengalische Führer der Hindu Mahasabha, Debendra N. Mukerjee. Sie beschworen Gandhi, das Fasten einzustellen und gelobten für die Zukunft brüderlich zusammenleben zu wollen. Endlich, nach 73 Stunden, brach Gandhi sein Fasten ab, und tatsächlich hielt der so erzwungene Frieden in Kalkutta und Bengalen über all jene Monate, in denen der Punjab und andere Teile Indiens in Gewaltorgien zu versinken drohten.

Kaum wieder bei Kräften, machte sich Gandhi Anfang September auf den Weg in den Punjab, um dort die aufgewühlten Menschen zur Gewaltlosigkeit anzuhalten. Beim Abschied aus Kalkutta baten zurückbleibende Anhänger um ein letztes aufmunterndes Wort ihres Mahatma, woraufhin dieser sie knapp beschied: »Mein Leben ist meine Botschaft.«

Gandhi sollte den Punjab nicht mehr erreichen. Als sein Zug auf dem Weg dorthin in Delhi Station machte, registrierte er mit Entsetzen die riesigen Flüchtlingsmassen von Hindus und Sikhs, die den jetzt zu Pakistan gehörenden westlichen Punjab verlassen hatten und sich nun in Notlagern zusammendrängten. Nachdem Gandhi sich unzählige Gräuelgeschichten hatte erzählen lassen, traf er den Entschluss, zunächst in Delhi zu einem friedlichen Miteinander der verfeindeten Volksgruppen beizutragen. Eigentlich hatte er Quartier in einem Unberührbaren-Viertel nehmen wollen, doch wurde ihm davon aus Sicherheitsgründen dringend abgeraten. So folgte er der Einladung seines bewährten Freundes G. D. Birla und zog mit seiner Begleitung in dessen großzügiges »Birla House« in einem sicheren Viertel Neu-Delhis. Hier, inmitten prächtiger Gartenanlagen, nahm Gandhis Lebensweg Kurs auf einen letzten dramatischen Höhepunkt und ein ebensolches Ende.

Immer wieder hielt Gandhi in den Gärten öffentliche Gebete ab, wobei er sich auch nicht scheute, ausführlich aus dem Koran zu zitieren. Erboste Hindu-Beter unterbrachen Gandhi dabei und riefen sogar laut »Tod Gandhi!« Irgendwann sah er sich gezwungen, diese Gebete einzustellen, da auf seine anfängliche Frage, ob jemand dagegen sei, wenn er den Koran zitiere, jedes Mal einige Hindus den Garten verließen. Stattdessen fing er nun an, mit den Zuhörern über das Morden im Lande zu diskutieren und sie zur Friedfertigkeit zu ermahnen. Den bizarren Hintergrund seiner zunehmend sinnlos erscheinenden Mühen bildeten die täglich in Delhi eintreffenden Züge mit Massen blutverschmierter und abgekämpfter Hindu- und Sikh-Flüchtlinge aus dem Punjab. Nicht selten begegneten diese Züge unterwegs solchen, die fliehende Muslime in entgegengesetzter Richtung transportierten und die dabei oft von fanatisierten Hindus und Sikhs massakriert wurden.

Gandhi begann nun auch die indische Regierung mit seinen alten Gefährten Nehru und Patel an der Spitze in die Pflicht zu nehmen und sie an ihre Verantwortung für die Menschen zu erinnern. Aber er erkannte inzwischen auch, dass sein Einfluss rapide schwand. Während eines Fastens anlässlich seines 78. Geburtstages stellte er resigniert fest: »Heute hört niemand mehr auf mich.« Auch wenn er nie ein Freund konventioneller Politik gewesen war, bedauerte er jetzt doch, dass ihm die dazu gehörenden Kanäle der Einflussnahme versperrt blieben. Gern hätte er eine Art Gipfeltreffen mit Jinnah in Pakistan abgehalten, um einen Ausweg aus der Spirale der Gewalt auf dem Subkontinent zu finden. Aber Jinnah war nun einmal Generalgouverneur Pakistans und Gandhi konnte ohne vergleichbares Amt nicht auf Augenhöhe mit ihm reden. Vermutlich hat er erwartet, dass Mountbatten ihm den Posten des Generalgouverneurs von Indien anbieten oder aber später an ihn abtreten würde. Da dies nicht geschah, blieben Gandhis Hände auch gebunden, als es im Oktober 1947 zu einem ersten militärischen Konflikt mit Pakistan in Kaschmir kam. Als Brahmane, dessen familiäre Wurzeln in Kaschmir lagen, betrachtete es Nehru als persönliche Ehrensache, das gesamte militärische Gewicht des neuen indischen Staates in den angeblichen Abwehrkampf gegen muslimische Invasoren in Kaschmir zu werfen. Gandhi machte in seinen Gebetsstunden keinen Hehl aus seiner Bereitschaft, an der Spitze einer »gewaltlosen Armee« in Kaschmir einzumarschieren, um dort Frieden zu schaffen und letztlich die dortige muslimische Bevölkerungsmehrheit über den Anschluss des Landes an Pakistan oder Indien entscheiden zu lassen. Natürlich ignorierte der militante Nehru derartige Avancen Gandhis, und es gehört wohl nicht viel Fantasie dazu sich vorzustellen, dass Nehru in diesem Moment, bei aller sonstigen Verehrung für den Mahatma, froh war, keinen Gandhi als Generalgouverneur neben sich zu haben.

Obwohl immer noch viele Kongressmitglieder und selbst Regierungsangehörige Gandhi aufsuchten und um Rat in verschiedensten Fragen baten, akzeptierte Gandhi um das Jahresende 1947 die Tatsache, dass er den Kongress nicht mehr entscheidend beeinflussen konnte. Einerseits begann er nun über die Unfähigkeit des Kongresses zu lamentieren und Korruption sowie Amtsmissbrauch anzuprangern. Andererseits rief er seine Anhänger dazu auf, unabhängig vom Kongress eine große Gesellschaft für konstruktives Arbeiten ins Leben zu rufen, die der Macht abschwören und stattdessen in uneigennütziger Hingabe an die Massen Indien reformieren sollte. Immer noch stand ihm dabei das Leitbild der Dörfergemeinschaft vor Augen. Das selbstgenügsame Dorf, in dem die einfachen Menschen unterschiedlicher Religionszugehörigkeit harmonisch zusammenlebten, bildete nach wie vor seine – rückwärts gewandte – Utopie schlechthin. Aber weder hinsichtlich seiner Gesellschaftsentwürfe noch in dem Bruderkampf mit Pakistan gelang es Gandhi, sich Gehör zu verschaffen. Während eines Gebetes Anfang Januar 1948 beklagte er erneut, dass man früher auf ihn gehört habe, doch »heute« sei er »ein Rufer in der Wüste«.

Dann, am 12. Januar 1948, griff er zum »letzten Mittel« eines *satyagrahi*. Für den nächsten Tag kündigte er ein Fasten an, welches das letzte in seinem Leben werden sollte. Stanley Wolpert hat den Grund dafür so beschrieben: »Er fastete, um sein impotentes Selbst für den Zusammenbruch Delhis, die selbstsüchtige Korruption des Kongresses und für die krimi-

28 Gandhi am zweiten Tag seines Fastens mit seiner Großnichte Manu (rechts) und Abha, der Frau seines Großneffen Kanu Gandhi (links)

nellen Angriffe auf Minderheiten« in Indien und Pakistan
»zu bestrafen«. Und weiter: »Wenn er so viel Gift mit jedem
Wort weisen Rates, das mindestens tausend Mal wiederholt
worden war, nicht stoppen konnte, wollte er leidenschaftlich
sterben, um seine Große Seele aus der erbärmlichen Schale
seines mit Schmerz und Furcht gefüllten Körpers zu befreien.«

Fünf Tage lang, bis zum 18. Januar, hielt Gandhi mit seinem Fasten den Subkontinent in Atem. Abgemagert auf zuletzt etwa 96 Pfund Körpergewicht und ohne Rücksicht auf
ärztlichen Rat, nötigte er die Adressaten seiner Aktion zu
wesentlichen Zugeständnissen. Ihm kritisch gesonnene Hindus mochten der Meinung sein, das Fasten begünstige einseitig die Muslime, doch dies war ein Missverständnis, das
vor allem daraus Nahrung zog, dass sich Gandhi für eine ge-
rechte Aufteilung des Staatsschatzes nach der Unabhängigkeit einsetzte. Folglich bat er Nehru und seine Regierung,
Pakistan 550 Millionen Rupien (damals etwa 125 Millionen
Dollar) zu überweisen. Diese empfanden die Forderung zunächst als Zumutung, sollte man den Gegner in seinen Rüs-
tungsanstrengungen auch noch finanziell unterstützen?
Aber als Gandhi seiner Bitte mit der Fortsetzung des Fastens
Nachdruck verlieh, rang sich das Kabinett zu der Teilung
durch. Unterdessen defilierten täglich Tausende Menschen
an dem einfachen Lager vorbei, auf dem der extrem ge-
schwächte Körper lag, nahezu vollständig in weißes Khadi
gehüllt. Er werde das Fasten erst abbrechen, erklärte Gandhi
mit brüchiger Stimme, wenn schriftlich fixiert sei, dass sich
alle Bevölkerungsgruppen auf einen dauerhaften Frieden
geeinigt hätten und sie einen freundschaftlichen Umgang
miteinander zu versprechen bereit seien. Am Morgen des
18. Januars war es schließlich soweit: Mehr als einhundert
Vertreter aller wichtigen religiösen Gruppen, darunter der
Sikhs, Abgesandte der RSS, der Hochkommissar von Pakistan, Nehru, Patel und Maulana Azad sowie hochgestellte
Christen und Juden versammelten sich bei Gandhi, um ein
schriftliches Gelübde in Gestalt einer Sieben-Punkte-Erklä-

rung abzulegen. Nachdem er sich hatte versichern lassen, dass die Einigung nicht abgeschlossen worden war, um ihn vom Fasten abzubringen, brach er seine Aktion ab. Er wolle nun bald nach Pakistan gehen und dort für den Frieden unter den Bevölkerungsgruppen werben.

Recht schnell erholte sich Gandhi wieder von den Strapazen des Fastens und mit frischen Kräften nahm er zunächst seine abendlichen Gebetsversammlungen wieder auf. Dabei wurde er am Abend des 20. Januar Opfer eines fehlgeschlagenen Bombenattentats. Mit demonstrativem Gleichmut forderte er die Zuhörer auf, dem Vorfall keine Beachtung zu schenken. Er setzte sich ferner dafür ein, dass der gefasste Attentäter nicht verurteilt würde. Madan Lal, der Bombenwerfer, war als Flüchtling aus dem Punjab nach Delhi gekommen. Empört über die Grausamkeiten, die Muslime vor seinen Augen an den Hindus begangen hatten und unversöhnlich fanatisiert durch Gandhis Eintreten für die Teilung des Staatsschatzes mit Pakistan, hatte er sich einer RSS-Verschwörung gegen Gandhi angeschlossen.

Auch der Brahmane Nathuram Vinayak Godse gehörte mit seinem Bruder Gopal Godse und Narayan Apte zu dem Verschwörerkreis, der nach dem missglückten Bombenattentat zunächst in Delhi untertauchen konnte. Nathuram Godse war einst ein überzeugter Anhänger Gandhis gewesen, der ebenfalls das Keuschheitsgelübde eines *brahmarchari* abgelegt hatte. Als Brahmane entfremdete er sich jedoch von Gandhi, als dieser sich im Laufe seiner Tätigkeit in Indien konsequent für die Unberührbaren einsetzte. Zum Bruch kam es anlässlich der Teilung Britisch-Indiens sowie des Staatsschatzes, die Godse als Ausverkauf eines rein hinduistisch verstandenen Gesamtindiens an die Muslime durch Gandhi deutete. Politisch stand er längst unter dem starken Einfluss von V. D. Savarkar, dem militanten Hindu-Führer aus Maharashtra.

Nathuram Godse lauerte am 30. Januar 1948 Gandhi mit einer Pistole auf. Gandhi hatte nachmittags ein längeres Gespräch mit Patel, in dem es um Streitigkeiten zwischen

Nehru und Patel in der Regierungsführung ging. Pünktlich um 17 Uhr sollte die abendliche Gebetsstunde in den Gärten von »Birla House« stattfinden. Wie immer dienten ihm seine Großnichten Abha und Manu als Stützen auf dem Weg zu der Versammlung. An der Stelle, wo Gandhi seine Gebete zu sprechen beabsichtigte, trat Nathuram Godse auf den Mahatma zu – augenscheinlich um Gandhis Füße zu berühren. Doch dann feuerte er drei Mal aus seiner Pistole auf die entblößte Brust seines Opfers. Um 17.17 Uhr starb Gandhi mit den Worten »He Rama« auf den Lippen, eine Anrufung Gottes, wie er sie sich immer für den Moment seines Todes erhofft hatte.

Nach dem Mord – Wirkungen

Am Abend richtete Nehru eine Rundfunkrede an die indische Nation, die mit den berühmten Worten begann: »Freunde und Genossen, das Licht ist aus unserem Leben gegangen und überall herrscht Dunkelheit, ... unser geliebter Führer ... der Vater der Nation ist nicht mehr«.

Nach dem Bekanntwerden des Mordes strömten Tausende Menschen zum »Birla House«, um den toten Körper zu sehen. Gandhis mit Rosen bedeckter Leichnam wurde auf das Dach des Gebäudes gebracht, sodass er auch aus größerer Entfernung betrachtet werden konnte. So tief saß der Schock über die Tötung, dass man zunächst nicht genau wusste, was nun zu tun sei. Es wurde der Vorschlag gemacht, Gandhi einzubalsamieren. Doch da Gandhi selber dies nicht gewünscht hätte, wurde der Plan rasch verworfen. Stattdessen sollte der Körper verbrannt werden. Wohl entgegen dem unerklärten Willen des Mahatma transportierte dann ein Militärfahrzeug den mit der Flagge des neuen Indiens bedeckten Leichnam in einer eindrucksvollen Prozession zur Verbrennungsstätte am Jamuna River von Delhi. Polizei und militärisches Personal stachen aus der mehr als

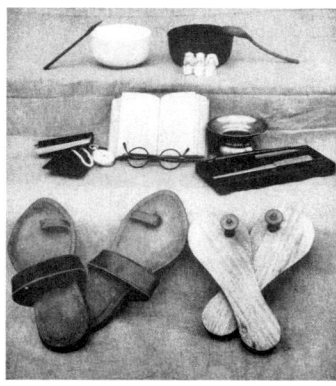

29 Der irdische Besitz Mahatma Gandhis

eine Million mitmarschierender Menschen weitaus deutlicher hervor als eine eher kleine Schar *satyagrahis*. Unter den zigtausendfachen Rufen »Mahatmaji amar ho gae« (Mahatmaji ist unsterblich geworden) der Trauergäste am Fluss entzündete der Hindu-Tradition gemäß Gandhis Sohn Ramdas in Abwesenheit des ältesten Sohnes Harilal knapp 24 Stunden nach der Ermordung seines Vaters den Stoß Sandelholz, auf dem der Leichnam dann verbrannte. Während in der Nacht die Asche allmählich auskühlte, zogen unermüdlich Menschenmassen an der Verbrennungsstelle vorbei, unter ihnen auch Harilal. Zwölf Tage nach der Kremierung wurden die sterblichen Überreste dann bei Allahabad am Zusammenfluss des heiligen Ganges, des Jamuna und des mystischen Flusses Saravasti den Fluten übergeben, die sie in den fernen Ozean mitnehmen würden. Gandhis letzte Reise mit der Eisenbahn auf der gut 600 km langen Strecke von Delhi nach Allahabad wurde zu einem späten Triumphzug ohnegleichen: Millionen standen Spalier entlang der Bahnstrecke, immer wieder musste der Zug in den Bahnhöfen Zwangspausen einlegen, weil die Trauernden die Urne mit der Asche ihres Mahatmaji möglichst lange bei sich behalten wollten.

Nathuram Godse, der Todesschütze, ließ sich nach der Tat widerstandslos festnehmen und sah sich Ende Mai 1948 zusammen mit einigen Mitverschwörern in einem Gerichtsverfahren wegen Mordes an Gandhi angeklagt. Am Ende des Prozesses, in dessen Verlauf er sich konsequent zu seiner Tat

Ein Mensch von Weisheit und Bescheidenheit, bewaffnet mit Entschlossenheit und unbeirrbarer Festigkeit, der all seine Kraft dem Aufschwung seines Volkes und der Verbesserung seines Schicksals gewidmet hat; ein Mensch, welcher der Brutalität Europas mit der Würde eines einfachen menschlichen Wesens begegnet und somit ewiglich überlegen geworden ist … Künftige Generationen, so könnte es sein, werden kaum glauben können, dass einer wie er in Fleisch und Blut auf dieser Erde ging.
Albert Einstein, zit. nach Parekh, Gandhi, S. 126 (Übersetzung A.H.)

bekannte, erhielt er die Todesstrafe. Trotz eines Gnadenge-
suches zweier Söhne Gandhis bei Nehru wurde die Strafe
am 15. November durch den Strang vollstreckt.

Auch wenn die Gewalttätigkeiten zwischen den Reli-
gionsgruppen zuletzt ein wenig abgeflaut waren, besteht
wenig Zweifel daran, dass Gandhis Tod der Tod eines Mär-
tyrers war. Plötzlich schien der Subkontinent den Atem anzuhalten und das Morden erstarb. Vor allem Hindu-Extre-
misten fanden sich unversehens tief beschämt, es war
schließlich einer der Ihren gewesen, der die tödlichen
Schüsse abgefeuert hatte. Darin lag bei aller Tragik ein kleiner Trost für die Regierung Nehru, dass der Attentäter kein
Muslim gewesen war, und so gelang es ihr sozusagen im
Windschatten der grausigen Tat den Hindu-Extremismus
zurückzudrängen. Für kurze Zeit sahen sich jetzt die Brahmanen der Hindu-Mahasabha in Poona, Nagpur und Bombay antibrahmanischen Attacken niederer Kasten-Hindus
ausgesetzt, während die Muslime allmählich zur Ruhe kamen. Die RSS, aus deren Reihen die Verschwörung gegen
Gandhi hervorgegangen war, wurde für Jahre verboten. Erst
in den 1970er Jahren erholte sich die nationalistische Hindu-
Bewegung wieder und vermochte dann kurz vor der Jahr-
tausendwende endgültig das Stigma der Mordschuld hinter
sich zu lassen.

Ungeachtet unzähliger Ehrungen Gandhis in Form von
Denkmälern, Platz- und Straßenbenennungen sowie der
Gründung von Forschungsstätten, die den berühmten Na-
men tragen, ist zu Recht davon gesprochen worden, dass In-
dien das Erbe Gandhis letztlich »ausgeschlagen« (Dieter
Rothermund) hat. Kein Lebensbereich ist in Indien nach der
Ermordung Gandhis konsequent in seinem Sinne ausgestal-
tet worden, allenfalls wurden Ansätze dazu unternommen.

Nach der Unabhängigkeit hatte sich Gandhi dafür einge-
setzt, dass sich der Kongress auflösen möge, da er nunmehr
überflüssig geworden sei. Stattdessen sollte sich der Kongress in einen Volksdienstbund (Lok Sevak Sangh) umwan-
deln. Von unten nach oben sollten in ihm Befugnisse dele-

giert werden und insbesondere auf dem Lande für demokratische Strukturen sorgen. Der Kongress ignorierte jedoch diese Vorschläge weitgehend und blieb mit Nehru und Patel an der Spitze jahrzehntelang das politische Machtzentrum Indiens. Nehru favorisierte während seiner siebzehnjährigen Amtszeit als Premierminister eine Entwicklung Indiens von oben nach unten. Während Gandhi den Aufbau des Landes von unten, von den 700000 Dörfern aus, erstrebte, ohne dabei jedoch völlig auf einzelne großindustrielle Komplexe verzichten zu wollen, setzte der Sozialist Nehru auf den Aufbau staatlich kontrollierter Groß- und Schwerindustrie, die durch kleinere privatwirtschaftliche Unternehmen flankiert werden sollte. Ein trickle-down-Effekt, ein allmähliches Durchsickern des in dieser kombinierten Industrielandschaft erwirtschafteten Wohlstandes würde, so die Vorstellung Nehrus und des Kongresses, früher oder später auch die Lebensverhältnisse der armen Bauern auf dem Lande verbessern. Zwar legte die Regierung Nehru ein Dorfentwicklungsprogramm auf, doch wurde es zu keiner Zeit mit besonderem Nachdruck verfolgt. Gandhis enger Schüler Vinoba Bhave versuchte noch im Sinne seines Ziehvaters beim Wandern über Land reiche Bauern dazu zu bewegen, Land an die Armen abzugeben und ganze Dörfer zum Zusammenschluss in Kooperativen zu überzeugen. Im Ganzen blieben diese Versuche jedoch erfolglos, was nicht zuletzt damit zusammenhing, dass nach dem Tode Gandhis begeisterungsfähige Kader fehlten, welche die mühselige Kärrnerarbeit vor Ort zu leisten bereit gewesen wären.

Gandhis politischer Kampf hatte, wie wir gesehen haben, ganz wesentlich immer auch der Beseitigung der Unberührbarkeit gegolten. Seinem alten Gegenspieler auf der Seite der Unberührbaren, B. R. Ambedkar, fiel nach der Unabhängigkeit die ehrenvolle Aufgabe zu, wesentlich an der Formulierung der Verfassung des freien Indiens mitzuwirken. Als sie schließlich im Jahre 1950 in Kraft trat, enthielt sie ausdrücklich das Verbot der Diskriminierung von Adivasis, also der indigenen Völker Indiens, sowie die Abschaffung der Unberührbarkeit. In der Realität lebten die alten Strukturen in den nächsten Jahrzehnten hingegen durchaus fort. Wenn der neue indische Staat es sich zum Ziel setzte, energisch gegen Armut, Unterdrückung, Hunger und Elend vorzugehen und zu diesem Zweck etwa Quotierungen im Bildungssystem sowie bei der Vergabe von Beamtenstellen einführte, setzte er sich damit zugleich unter gehörigen Erfolgsdruck. Heute zählt knapp ein Viertel der indischen Bevölkerung zu den Unberührbaren bzw. den Eingeborenen, und längst nicht immer erreichen sie die für sie reservierten Quoten, weil das Quotensystem auf dem Lande in der Praxis kaum greift. Indessen wäre es verfehlt, wollte man keine Verbesserungen für die Unterprivilegierten seit der Unabhängigkeit erkennen. Die gibt es sehr wohl, doch es bleibt abzuwarten, wie sich die wirtschaftlichen Liberalisierungsmaßnahmen des ehemaligen Finanzministers und heutigen Premierministers Mammohan Singh auf das Los der Ärmsten auswirken werden. Indiens Wirtschaft verzeichnet seit einigen Jahren beachtliche Zuwachsraten, aber in welchem Maße die Unterprivilegierten davon profitieren, steht dahin. Zunehmende Flexibilisierung und Mobilität im Zeichen der indischen Mo-

Wie die meisten Völker der Erde sind zwar auch wir ein gewaltsames Volk. Aber etwa 40 Jahre lang, zwischen 1910 und 1947, ließ uns Gandhi glauben, wir könnten zumindest zeitweise eine Selbstkontrolle ausüben und mit gewaltlosen Mitteln um unsere Freiheit kämpfen … Gandhis aggressives Streben nach Gewaltlosigkeit und ›Satyagraha‹, also die Beharrlichkeit und das hartnäckige Streben nach der Wahrheit als ultimativer Waffe, sind ein merkwürdiges Erbe gewesen … Heute bekennen wir uns zwar dazu, unsere historischen Personen wie Schivaji oder Gandhi zu ehren, doch wir lieben sie nicht. Wir legen einmal im Jahr an ihrem Geburtstag ein Lippenbekenntnis ab, sind jedoch nicht im geringsten an ihnen interessiert. Wir scheren uns, ehrlich gesagt, einen Dreck um unser großes politisches Erbe – außer als politische Waffe der Einschüchterung.
Der indische Romancier Kiran Nagarkar in der Wochenzeitung
›Das Parlament‹, 7./14. August 2006

dernisierung führen im Übrigen auch dazu, dass sich Kastenparteien und Kastenbündnisse bilden und versuchen, die überkommenen Vorrechte zu retten.

»Hindu-Fundamentalismus mit atomaren Krallen« – hinter diesem Schreckgespenst verbirgt sich Indiens Atomwaffenprogramm, das im Jahre 1998 zu den ersten erfolgreichen Atomtests des Landes geführt und es technisch in den Kreis der bisherigen fünf Atommächte katapultiert hat. Unschwer lässt sich ausmalen, wie Gandhi auf die Entwicklung einer indischen Atombombe reagiert hätte, die nicht nur vor dem Hintergrund des Dauerkonflikts mit dem Nachbarn Pakistan, sondern auch »als Teil einer größeren Dynamik« gesehen werden muss, die auch China und die USA mit einschließt (Subrata K. Mitra). Weniger klar ist hingegen, wie Gandhi zu der friedlichen Nutzung der Kernenergie gestanden hätte, immerhin geht das indische Atomprogramm noch auf das Jahr 1946 zurück, und die indische Atomenergiekommission wurde noch im Jahr der Ermordung Gandhis ins Leben gerufen. Strikter Verfechter kleiner, überschaubarer Einheiten, der er war, steht zu vermuten, dass Gandhi der zivilen Atomkraftnutzung wenig Sympathie entgegengebracht hätte.

Außerhalb Indiens fand und findet insbesondere Gandhis Satyagraha-Idee vom aktiven gewaltfreien Widerstand und vom zivilen Ungehorsam ein starkes und anhaltendes Echo, daneben stießen im Westen auch – zeitweilig stärker oder schwächer ausgeprägt – sein rigoroser Vegetarismus, seine Gesundheitslehre einschließlich des Ayurveda sowie die klosterähnliche Lebensweise in Ashrams auf eine gewisse Aufnahmebereitschaft, wenngleich es sich bei diesen Experimentierfeldern so gut wie nie um genuine »Erfindungen« Gandhis handelte. Ungebrochen anziehend wirkt die Lehre Gandhis von der unbedingten Gewaltfreiheit und Liebe auf zahllose Menschen in jedem Winkel der Erde, sie spendet nicht wenigen Trost in einer gewalttätig empfundenen Welt.

Wir wollen uns zum Schluss auf eine Skizze tatsächlicher oder scheinbarer Anwendungen des Satyagraha-Konzeptes nach dem Tode Gandhis beschränken. Vorab so viel: Fast im-

mer blieb und bleibt bei entsprechenden Aktionen die Ein-
bettung der tätigen Gewaltfreiheit in eine umfassendere Lebensphilosophie, wie Gandhi sie konsequent gefordert und
beispielhaft vorgelebt hatte, unberücksichtigt. Meist ging
und geht es darum, mit »Nichtkooperation« oder »passivem
Widerstand« – noch einmal: Gandhi hätte sich an dem Wort
passiv gestört – einen Gegner zu einer mehr oder weniger
großen Verhaltensänderung zu bringen, nicht aber darum,
ihn in seinem Inneren zu verändern und das Gute in ihm
freizulegen. Und längst nicht immer ist eindeutig, inwieweit
die Protagonisten irgendwo auf der Welt sich tatsächlich bei
ihren Aktionen auf Gandhi beriefen, oder aber aus anderen,
ganz praktischen Gründen nicht zur Waffe griffen, um ihren
Forderungen zum Durchbruch zu verhelfen.

Auf die Kontroverse zwischen Martin Buber und Gandhi
wegen eines möglichen jüdischen Widerstandes gegen die
nationalsozialistische Verfolgung noch vor Ausbruch des
Zweiten Weltkrieges ist bereits hingewiesen worden. Zur Er-
innerung: Bereits bei dieser Gelegenheit war schon ein Kern-
problem bei der Anwendung von Satyagraha-Grundsätzen
gegenüber einem totalitären Gegner aufgetaucht, nämlich
die Frage, wie *satyagrahis* mit dem Gegner umgehen sollten,
wenn dieser sich brutal dem humanen, auf Ausgleich und
Wandlung bedachten Ansatz des *satyagraha* verweigerte und
kompromisslos die Vernichtung des Gegenübers anstrebte.
Ein Funktionieren des *satyagraha* im Sinne Gandhis setzte,
neben einem möglichst großen Medieninteresse, voraus,
dass sich der Gegner – wie die Briten im Falle Indiens trotz
mancher Brutalitäten – grundsätzlich auf die Spielregeln
dieses gewaltfreien Widerstandes einließ. Und trotzdem:
Mahesh Rangarajan und David Hardiman scheinen etwa
das mutige Protestverhalten von nichtjüdischen Ehefrauen,
die im Februar 1943 während der sogenannten Fabrik-Ak-
tion in Berlin die Freilassung ihrer von der Gestapo bereits
verhafteten und zum Abtransport versammelten jüdischen
Ehegatten ertrotzten, zu einem erfolgreichen Beispiel gewaltfreien Widerstandes inmitten des nationalsozialisti-

schen Machtzentrums zu zählen. Den »Frauen von der Ro-
senstraße«, denn in der Berliner Straße dieses Namens hatte
sich das Drama abgespielt, ist dort mittlerweile ein Denkmal
gesetzt worden, dessen Inschrift lautet: »Die Kraft des zivilen Ungehorsams und die Kraft der Liebe bezwingen die Gewalt der Diktatur/Frauen standen hier, den Tod besiegend.«

Ansonsten haben während des Zweiten Weltkrieges vor
allem in dem von den Deutschen besetzten Norwegen Wi-
derständler im Sinne Gandhis versucht, die Herrschaftsaus-
übung der dortigen Quisling-Marionettenregierung nach-
haltig zu stören.

Nach dem Krieg empfahl im Herbst 1956 der spätere deut-
sche Bundespräsident Gustav Heinemann in einem Beitrag
für die Zeitschrift ›Studenten-Kurier‹ nicht ohne einen An-
flug von Zynismus den gegen die sowjetische Invasion
kämpfenden Ungarn, sie sollten mit dem »Widerstand der
Herzen und der untätigen Hände« lieber die sowjetische
Niederschlagung ihres Aufstandes hinnehmen, denn auch
Gandhi habe mit diesen Mitteln die britische Herrschaft in
Indien abgeschüttelt. Bettina Röhl, die auf entsprechende
Schriften Heinemanns erstmals aufmerksam gemacht hat,
verweist mit Recht auf die völlig ungleiche Machtkonstella-
tion, der sich Hunderte Millionen Inder gegenüber der briti-
schen Kolonialmacht einerseits und das kleine ungarische
Volk gegenüber der riesigen Atommacht Sowjetunion in
ihrer nächsten Nähe andererseits ausgesetzt sahen.

Außerhalb Indiens und Europas bildete Südafrika ein
weiteres wichtiges Exerzierfeld für Satyagraha-Aktionen.
Gewissermaßen kehrte der Satyagraha-Geist an seinen Ur-
sprungsort zurück. Nun aber waren es die Schwarzen Süd-
afrikas, die gegen die weiße Minderheitsregierung in Pre-
toria aufbegehrten. Der South African Native National
Congress war 1912 bewusst in Anlehnung an den zuvor von
Gandhi in Südafrika gegründeten Natal Indian Congress als
Kampforganisation der Schwarzen gegründet worden – im
Jahre 1923 wurde er dann in African National Congress
(ANC) umbenannt. Dabei waren die Beziehungen zwischen

Indern und Schwarzen in Natal zumal keineswegs immer herzlich gewesen: Vielen Schwarzen galten indische Arbeitgeber oft als schlimmere Unterdrücker als die weißen. Doch in den 1940er Jahren kam es zu einer Annäherung beider Bevölkerungsgruppen und Gandhis friedliche Widerstandsformen weckten auch das Interesse schwarzer Aktivisten wie etwa Nelson Mandela. Nach dem Sieg der National Party bei den südafrikanischen Parlamentswahlen von 1948 erfolgte eine Verschärfung der bereits bestehenden rigiden Rassentrennungspolitik unter dem Begriff der Apartheid (»Getrenntheit«), die mit vollständiger politischer Entrechtung der Nichtweißen, vor allem aber der Schwarzen einherging. Für Mandela bildete angesichts dieser Entwicklung das Satyagraha-Konzept eines aktiven gewaltfreien Widerstandes gegen die weiße Regierung nur noch eine unter verschiedenen Kampfformen. Während Manilal Gandhi, der in Südafrika das Werk seines Vaters fortsetzte, Mandela und seine Mitstreiter auf die unbedingten Vorzüge des gewaltfreien Kampfes einzuschwören suchte, begann Mandela diese Kampfform zunehmend unter taktischen Gesichtspunkten zu sehen. Nach 1948 kam er zu dem Schluss, dass nun der Staat »mächtiger als wir« geworden sei, Gewaltanwendung von Seiten der Unterdrückten »für uns verheerende Folgen« haben müsste. Und Mandela weiter: »Ich betrachtete Gewaltlosigkeit nach dem Gandhischen Modell nicht als unantastbares Prinzip, sondern als Taktik, die je nach Situation anzuwenden sei. Das Prinzip war nicht so wichtig, dass man der Strategie selbst dann folgen sollte, wenn sie selbstzerstörerisch sein würde, wie Gandhi glaubte. Ich wollte gewaltlosen Protest nur, solange er effektiv war.«

Eindeutiger als Mandela in Südafrika machte sich der schwarze Baptistenpfarrer Martin Luther King jr. in den USA Gandhis Kampfformen kaum zehn Jahre nach dessen Ermordung zu eigen. Auch in Amerika ging es um Rassendiskriminierung: Öffentliche Einrichtungen, Restaurants und Transportmittel waren zwischen schwarzen und weißen Amerikanern getrennt, und es war die Verdrängung Kings von einem für weiße Passagiere reservierten Sitz in einem Bus gewesen, die eine verblüffende Ähnlichkeit mit jenem Rauswurf Gandhis aus dem Zug im südafrikanischen Pietermaritzburg im Jahre 1893 aufwies und die in King eine vergleichbare Gefühlsaufwallung gegen rassistische Unterdrückung wie bei dem jungen Gandhi auslöste. Erst jedoch die mutige Weigerung der schwarzen Amerikanerin Rosa Parks im Jahre 1955, ihren Platz in einem Bus der Stadt Montgomery, Alabama, für einen Weißen freizumachen, führte King dazu, Satyagraha-Aktionen gegen das weiße Amerika zu inszenieren. Auch wenn dies ein langwieriger Prozess war, der nicht ohne Rückschläge blieb, konnte die schwarze Bürgerrechtsbewegung unter King doch bahnbrechende Erfolge erringen. Im Falle des von King organisierten Busboykotts nach der Verurteilung Rosa Parks' zu einer Geldstrafe von 14 $ erklärte der amerikanische Supreme Court ein Jahr später die Rassentrennung in Bussen für ungesetzlich. King kommentierte diesen Erfolg damals mit den Worten: »Christus gab Geist und Motivation, Gandhi lieferte die Methode.« Aber anders als Gandhi wusste King Aktionen des gewaltfreien Widerstandes von seinem persönlichen Lebenswandel klar zu trennen. King war ein Freund guten Essens und Trinkens, kleidete sich elegant, bevorzugte teure Hotels und war auch amourösen Abenteuern außerhalb seiner Ehe nicht abgeneigt. Nach einer Indienreise im Jahre 1959, die ihn zu den Wirkungsstätten Gandhis führte, legte King das Gelübde ab, wöchentlich einen Tag dem Fasten und Meditieren widmen zu wollen. Der Schwur war schnell

Die Mittel können mit einem Saatkorn verglichen werden, das Ziel mit einem Baum; und zwischen den Mitteln und dem Ziel besteht derselbe unbestreitbare Zusammenhang wie zwischen der Saat und dem Baum.

Gandhi in ›Hind Swaraj‹, hier zitiert nach Michael Blume,
Satyagraha, S. 147

vergessen – »King besaß weder Zeit noch Willen ihn zu halten.«

Als im Jahre 1964 in verschiedenen Städten der USA schwere Rassenunruhen ausbrachen, bat New Yorks Bürgermeister Martin L. King, mäßigend auf die aufgebrachten Schwarzen im Stadtteil Harlem einzuwirken. Aber dies war die Hochburg von Malcolm X, einem damals radikalen Verfechter schwarzer Bürgerrechte. Malcolm X machte aus seiner Verachtung für »christlich-gandhianische Gruppen«, wie er sie nannte, keinen Hehl. So erklärte er: »Christlich? Gandhianisch? Ich schätze nichts, was nach gewaltfrei klingt und nach halte noch die andere Wange hin … Wenn es das ist, was die christlich-gandhianische Philosophie lehrt, dann ist sie kriminell, eine kriminelle Philosophie.« Konvertiert zum Islam, suchte Malcolm X in seinen letzten Lebensmonaten einen gewissen Ausgleich mit King, und es deutet manches darauf hin, dass er auch Gandhi in seinem unerschrockenen Eintreten für die Rechte der Inder stark bewunderte. Wie Gandhi starb auch er durch die Kugel eines Mörders, im Jahre 1965, drei Jahre später ereilte King das gleiche Schicksal.

Martin L. King übte einen starken Einfluss auf eine junge Deutsche aus, die dann in den frühen 1980er Jahren sowohl sein als auch Gandhis Gedankengut in die politische Arena der Bundesrepublik Deutschland brachte: Petra Kelly. Im Jahre 1947 in Bayern geboren und mit den Eltern 1960 in die Südstaaten der USA ausgewandert, zeigte sich die überzeugte Katholikin Kelly von der amerikanischen Bürgerrechtsbewegung stark beeindruckt. Nach ihrer Rückkehr in die Bundesrepublik wandte sie sich insbesondere ökologischen Themen einschließlich des Kampfes gegen die friedliche Nutzung der Kernenergie zu. Politisch fand sie ihre Heimat bei den »Grünen«, für die sie zusammen mit dem späteren deutschen Außenminister Joseph (»Joschka«) Fischer 1983 in den Deutschen Bundestag einzog. Sara Parkin, die Biografin Kellys, weist darauf hin, dass die »Götter« Kellys »Gandhi und Martin Luther King« gewesen waren. Kelly

30 Sonderbriefmarke der deutschen Bundespost zum
100. Geburtstag Gandhis 1969

zeigte sich insbesondere von Gandhis gewaltfreiem, morali-
schem Aktivismus fasziniert. Sie war vermutlich eine der
wenigen prominenten Adepten Gandhis, die immerhin versuchten, Satyagraha-Aktionen – etwa gegen den Bau von
Atomkraftwerken oder bei einem persönlichen Einsatz gegen
die südafrikanische Apartheidpolitik vor Ort in Pretoria –
mit Gandhis anspruchsvollen Vorstellungen eines beschei-
denen, moralisch gerechtfertigten Lebensstils zu verknüp-
fen. Über ihre ökologische Weltsicht schrieb sie: »Auf einem
speziellen Gebiet unserer politischen Arbeit sind wir enorm
von Mahatma Gandhi inspiriert worden. Das ist unsere
Überzeugung, wonach ein Lebensstil und eine Produktions-
weise, die auf einer endlosen Versorgung mit Rohstoffen ba-
siert und die solche Rohstoffe verschwenderisch nutzt, auch
das Motiv für die gewaltsame Aneignung solcher Materialien aus anderen Ländern liefert. Im Gegensatz dazu wird
von uns eine Politik verfolgt, die einen verantwortungsvollen Umgang mit Rohstoffen pflegt, als Teil eines ökologisch
orientierten Lebensstils …, sie reduziert das Risiko einer Ge-
waltpolitik. Die Verfolgung einer ökologisch verantwortlichen Politik in einer Gesellschaft schafft Voraussetzungen
für die Verringerung von Spannungen und erhöht unsere
Fähigkeit, Frieden in der Welt zu erlangen.«

Petra Kelly vermochte auch ihren letzten Lebenspartner
von der Philosophie Gandhis zu überzeugen, obwohl dies
alles andere als selbstverständlich war. Gert Bastian hatte
sein Berufsleben immerhin dem Militär gewidmet, und als
Kommandeur der 12. Panzerdivision der Bundeswehr reichte er im Jahre 1980 seinen Rücktritt ein. Der Grund war sein
Protest gegen die geplante Stationierung atomarer Mittel-

streckenwaffen auf deutschem Boden. Zu dieser Zeit wandelte sich Bastian zum überzeugten Friedensaktivisten und war in der Lage, wie Parkin schreibt, Gandhi und Martin Luther King mit Leichtigkeit zu zitieren. Im Oktober 1992 fand die Polizei die Leichen von Kelly und Bastian im Haus eines Bonner Vorortes. Nach dem offiziellen Ermittlungsergebnis hatte Bastian zunächst seine Lebensgefährtin im Schlaf erschossen und anschließend sich selber getötet. Das Motiv für die Tat blieb ebenso ungeklärt, wie Gerüchte über die Hintergründe nicht verstummen wollen.

Ob und in welchem Ausmaß Gandhis Lehre vom aktiven, gewaltfreien Widerstand die insgesamt friedlichen Revolutionen in den sozialistischen Staaten Osteuropas am Ende der 1980er Jahre direkt inspiriert hat, ist bis heute ungeklärt. Für den Fall der ehemaligen DDR ist eine geistige Patenschaft Gandhis beim Sturz des SED-Regimes nicht nachweisbar. Wie in den politisch vergleichbaren Staaten Osteuropas auch, gilt es hier zu bedenken, dass Literatur von und über Gandhi, ganz zu schweigen von Schriften über das Satyagraha-Konzept, kaum greifbar, mithin eine Diskussion und Schulung von Dissidenten im Sinne Gandhis nur schwer möglich war. Wenn also auf den Leipziger Montagsdemonstrationen vom Herbst 1989 Menschengruppen Parolen wie »Keine Gewalt« und »Kein neues China« riefen, lag diesen Forderungen kaum das entsprechende Gedankengebäude Gandhis zu Grunde, sondern die berechtigte Furcht vor brutaler Gewaltanwendung seitens der Staatsmacht, wie sie die sozialistischen Machthaber in der Volkrepublik China auf dem Pekinger »Platz des Himmlischen Friedens« erst im Juni jenes Jahres vorexerziert hatten. Späte Ironie der Geschichte: Im Jahre 2006 waren es offenbar ausgerechnet ehemalige Mitarbeiter des DDR-Staatssicherheitsdienstes (Stasi), die als einflussreiche Angestellte der mit der Aufarbeitung der Stasi-Vergangenheit befassten »Birthler-Behörde« durch ihren »passiven Widerstand« die Aufklärungsarbeit wenigstens teilweise zu hintertreiben versuchten. Doch auch bei diesem Treiben dürfte Gandhi kaum Pate gestanden haben.

Auch zu Beginn des 21. Jahrhunderts schmückt der Name Gandhis und die von ihm wesentlich entwickelte gewaltfreie Widerstandsform manchen Politiker und manche politische Verhaltensweise, die sich aber immer mehr von ihrem Original entfernen. So starb Anfang des Jahres 2006 im Alter von 61 Jahren Ibrahim Rugova, der Führer der kosovarischen Albaner. Als »Gandhi des Balkans« wurde er mitunter bezeichnet, wohl wegen seines zurückhaltend-hartnäckigen Eintretens für die Sache der Albaner in Serbien. Abgesehen davon, dass Rugova nach einem gemeinsamen Auftritt mit dem Erzfeind und Diktator Slobodan Milošević in den Augen vieler Kosovo-Albaner als Verräter galt, rief der elegante Lebensstil Rugovas angesichts der verbreiteten Armut seiner Landsleute Unmut hervor und widersprach zweifellos der Lebensphilosophie Gandhis. In der Zentralafrikanischen Republik genießt Professor Abel Goumba den Ruf des »Gandhi« seiner Heimat. In den innenpolitischen Wirren des Landes erwarb sich der über Achtzigjährige den Ruf eines zur Mäßigung aufrufenden Politikers, der 2005 von dem regierenden General Bozize als Ministerpräsident nominiert, dann aber nach wenigen Monaten wieder abgesetzt wurde.

Zurück nach Indien, nach Bangalore im tiefen Süden des Landes: Im Juli 1927 eröffnete Gandhi hier eine Ausstellung handgewebter und -gesponnener Textilien, *khadi* eben. Den Tausenden Webern und Spinnern, die seiner Ansprache beiwohnten, erklärte Gandhi: »Ich stehe vor euch als selbsternannter Vertreter der stummen, halbverhungerten … Millionen Indiens«. Und er fuhr fort: »Jedes Stück, das ihr zur Unterstützung von *khadi* beitragt, jedes Stück *khadi*, das ihr kauft, bedeutet so viel konkrete Sympathie … für diese Millionen … So Gott will, werden in nicht allzu ferner Zukunft unsere Dörfer, welche gegenwärtig zu Ruinen zu zerfallen scheinen, Bienenhäuser ehrlicher und geduldiger Arbeit sein … In der Arbeit Gottes, wenn ich es so zu sagen wagen darf, ist die Ernte wahrhaft reich.« Und Bangalore heute, 60 Jahre nach der Unabhängigkeit Indiens? Es gibt sie noch, die schreiende Armut, keine Frage, aber Bangalore repräsen-

31 Gandhi-Gedenkstätte in Delhi

tiert heute eher ein Indien, das Gandhi nicht wiedererkennen würde. Die Sieben-Millionen-Metropole, auf tausend Meter Höhe gelegen, symbolisiert das neue Indien, steht vielleicht dafür, dass »das 21. Jahrhundert das Jahrhundert Indiens sein wird«, wie Premierminister Singh es formuliert hat. Bangalore ist das Hightechzentrum des Subkontinents, Abertausende Informatikspezialisten arbeiten hier an der Cyberzukunft Indiens und keine Verbindung scheint zur Welt Gandhis zurückzuführen, auch wenn das staatliche Touristenbüro in der Kasturba Road liegt.

Glossar

Ahimsa	Liebe, Gewaltlosigkeit
Ashram	Einsiedelei; Ort der geistigen Entwicklung und sittlichen Läuterung unter Anleitung eines Mentors
Bhagavadgita	»Gesang des Erhabenen«; umfangreiches religiös-philosophisches Lehrgedicht aus dem sechsten Buch des Epos ›Mahabharata‹
Bhakti	hinduistische Ausdrucksform von Frömmigkeit
Brahmacharya	Keuschheitsgelübde
Charkha	Spinnrad
Dalit	heutige häufige Selbstbezeichnung der Unberührbaren
Darshan	Anblick einer für heilig gehaltenen Person
Dharma	religiös-moralische Pflicht
Dhoti	aus einem einzigen Stück Stoffes geschlungenes Beinkleid
Diwan	Premierminister eines indischen Fürstenstaates
Guru	geistlicher Lehrer und Erzieher
Hartal	streikähnliche Arbeitsniederlegung und Ladenschließung
Himsa	Gewalt
Khadi	handgewebter Baumwollstoff aus handgesponnenem Garn
Moksha	religiöse Befreiung, Erlösung
Purna swaraj	völlige Unabhängigkeit
Raj	Herrschaft
Sadhu	Asket, Heiliger
Sannyasi	Wanderasket, der nur noch nach Erlösung strebt
Sarvodaya	Wohlstand für alle

Swadeshi	heimische Produktion, Güter und Dienstleistungen aus möglichst naher Umgebung
Swaraj	Selbstherrschaft, Freiheit, bei Gandhi auch: Kontrolle des eigenen Ichs
Varna	wörtlich: Farbe; anderer Begriff für indische Kastenordnung

Zeittafel

1869 Geburt von Mohandas
Karamchand Gandhi am
2. Oktober in Porbandar

1877 Ernennung Königin Viktorias zur Kaiserin von Indien

1882 Eheschließung zwischen
M. K. Gandhi und Kasturba
Nakanji

1885 Gründung des Indian
National Congress (INC)

1888 Geburt des Sohnes Harilal
Gandhi; Reise Gandhis
nach England

1891 Rückkehr Gandhis aus
London

1892 Geburt des Sohnes Marilal
Gandhi

1893 Abreise Gandhis nach Südafrika; Schlüsselerlebnis im
Bahnhof von Pietermaritz-
burg

1896 Vorübergehende Rückkehr
nach Indien, anschließend
mit der Familie wieder nach
Südafrika

1897 Geburt des dritten Sohnes
Ramdas Gandhi in Süd-
afrika

1899–1902 Südafrikanischer
Krieg; Organisation eines
indischen Ambulanz-Korps
auf Seiten der Briten

1900 Geburt des vierten Sohnes
Devadas Gandhi

1903 Gründung des Wochenma-
gazins ›Indian Opinion‹

1904 Inbetriebnahme der »Phoe-
nix Farm« bei Durban in
Natal; britische Teilung
Bengalens

1906 Gründung der Muslim Liga
in Indien; in der sog. Bambata-Revolte erneut Auf-
stellung eines Sanitätskorps;
Ablegung des *brahma-
charya*-Gelübdes; Aufruf zu
einer Massenprotestver-
sammlung gegen geplante
Registrierung der Inder in
Südafrika

1907 Zweimonatige Haft wegen
Verweigerung der Regis-
trierung

1908 Prägung des Begriffs *satyagraha*; Aufforderung zur
öffentlichen Verbrennung
von Registrierungskarten
und erneute Haft

1909 Besuch in England; auf der
Rückreise Abfassung der
grundlegenden Schrift
›Hind Swaraj‹; Beginn der
Korrespondenz mit Leo N.
Tolstoi

1910 Mit finanzieller Hilfe von
Hermann Kallenbach Grün-
dung der »Tolstoi-Farm«
bei Johannesburg

1912 Aufgabe europäischer Kleidung und Aufgabe der
Rechtsanwaltkanzlei

1913 Organisation des Marsches
von Indern von Natal nach
Transvaal; Inhaftierung
nach illegalem Grenzüber-
tritt

1914 Kompromiss mit dem südafrikanischen Premiermi-
nister Smuts: Erleichte-
rungen für die Inder in

Südafrika, im Gegenzug keine weitere indische Einwanderung; über London Heimreise nach Indien

1915 Ankunft in Indien; Verleihung des Ehrentitels »Mahatma« durch R. Tagore; Gründung des Sabarmati-Ashrams bei Ahmedabad

1916 Ausgedehnte Reisen in Indien

1917 Volksheld in Indien infolge erfolgreicher Kampagne zu Gunsten der Indigopflanzer von Champaran

1918 Leitung des Textilarbeiterstreiks in Ahmedabad

1919 Satyagraha-Widerstand gegen Rowlatt-Gesetze, Abbruch der Aktion nach Blutbad der Briten in Amritsar; Gründung der Publikationen »Navajivan« und »Young India«

1920 Entschluss nur noch *khadi*-Kleidung zu tragen; Gandhi unangefochtener Führer der indischen Nationalbewegung; erste indische Massensatyagraha-Kampagne der Nicht-Zusammenarbeit mit den Briten und Beginn der Kalifat-Bewegung; Tod des indischen Nationalisten Bal G. Tilak

1921 Beginn der landesweiten Spinnradbewegung als Teil des Boykotts britischer Waren

1922 Abbruch des Massensatyagraha nach den Gewaltakten von Chauri Chaura; Verhaftung und Verurteilung zu sechs Jahren Gefängnis; Beginn der

Niederschrift der ›Autobiografie‹

1924 Vorzeitige Haftentlassung nach Blinddarmoperation; gewählter Kongress-Präsident für 1925; Abschaffung des Kalifats in der Türkei

1928 Erfolgreiches »Lehrbuch«-Satyagraha gegen Steuerungerechtigkeit in Bardoli

1929 Fertigstellung der ›Autobiografie‹

1930 Brechung des britischen Salzmonopols durch den »Salzmarsch«; Beginn des zweiten indischen Massensatyagraha; Verhaftung Gandhis; Geburt des Konzepts für einen unabhängigen Muslim-Staat

1931 Freilassung Gandhis; Gandhi-Irwin-Pakt; Abbruch des *satyagraha*; Teilnahme an Round-Table-Konferenz in London; Rückreise über die Schweiz und Italien.

1932 Erneute Verhaftung; »Fasten bis zum Tode« gegen getrennte Wählerlisten für *dalits*; Abbruch des Fastens nach Yeravda-Abkommen mit *dalit*-Führer Ambedkar

1933 Gründung der Zeitung ›Harijan‹ (›Kinder Gottes‹)

1934 Rückzug aus aktiver Politik, Reisen im Lande zu Gunsten der *dalits* und der Dorfentwicklung

1935 Government of India Act

1936 Gründung des Sevagram-Ashrams nahe Wardha in Zentralindien

1938 Subhas Chandra Bose

Nachfolger Nehrus als Kongress-Präsident

1939 Ausbruch des Zweiten Weltkrieges

1940 Lahore-Konferenz der Muslim Liga unter der Leitung Jinnahs fordert Teilung Indiens; Beginn eines begrenzten *satyagrahas* durch Gandhi gegen indische Kriegsteilnahme

1942 Ausrufung der »Quit-India-Bewegung« durch Gandhi; Inhaftierung Gandhis im Palast des Agha Khan in Poona; Tod seines Freundes M. Desai in der Haft

1944 Tod der Ehefrau Kasturba in Haft und vorzeitige Entlassung Gandhis; vergebliche Gespräche mit Jinnah zwecks Verhinderung der Teilung

1945 Ende des Zweiten Weltkrieges nach Atombombenabwürfen über Japan

1946 Blutige Ausschreitungen zwischen Hindus und Muslimen, Aufenthalt Gandhis in Bengalen

1947 Teilung des Subkontinents in Indien und Pakistan, Selbstständigkeit beider Länder seit dem 15. August; Ignorierung der Unabhängigkeitsfeiern durch Gandhi wegen der Teilung; Hindu-Muslim-Unruhen erschüttern den Subkontinent; Fasten Gandhis »bis zum Tode« für Versöhnung; Fastenabbruch nach Versprechen der Religionsgemeinschaften in Kalkutta auf Versöhnung; massenhafter Bevölkerungsexodus im indisch-pakistanischen Grenzgebiet

1948 Letztes Fasten; Ermordung Gandhis am 30. Januar; vorläufiges Ende der Hindu-Muslim-Massaker

Bibliografie

Die nachfolgend genannten Werke stellen eine Auswahl der mittlerweile unübersehbaren Literatur über Mahatma Gandhi dar. Aufsätze werden nur aufgeführt, sofern sie für den vorliegenden Text Verwendung fanden, und wo dies sinnvoll erschien, wurden die Werke kurz kommentiert.

Zuverlässige und aktuelle Informationen »rund um Gandhi« hält das Gandhi-Informationszentrum in Berlin bereit. Im Internet bietet gandhiserve.org eine Fülle an nützlichen Informationen.

Werke Gandhis, Selbstzeugnisse und Sammlungen von Texten Gandhis

Collected Works of Mahatma Gandhi (CWMG), 90 Bde., New Delhi 1958–1984
Dieses gewaltige Werk umfasst insbesondere Gandhis Aufsätze in zahlreichen Publikationen, Briefwechsel und umfangreichere Schriften wie etwa ›Hind Swaraj‹. Es ist durch einen Registerband sehr gut erschlossen und in Deutschland z. B. in der Bibliothek des Südasien-Instituts der Universität Heidelberg leicht zugänglich.

Gandhi, Mohandas K.: Eine Autobiographie oder die Geschichte meiner Experimente mit der Wahrheit, hrsg. von Bianca Schorr, Berlin 1982
Dies ist eine von zahlreichen deutschen Versionen der Autobiografie Gandhis. Sie liegt auch dem vorliegenden Text zu Grunde.

Gandhi, Mahatma: Mein Leben, hrsg. von Charles Freer Andrews, Frankfurt 1983
Von dem langjährigen Weggefährten Gandhis besorgte Kurzversion der Autobiografie.

Gandhi, Mahatma: Ashram Observances in Action, Ahmedabad 1959

Gandhi, Mahatma: Wegweiser zur Gesundheit. Die Kraft des Ayurveda. Mit Beiträgen von Rocque Lobo und Ettore Levi, München 1988

Gandhi, Mohandas K.: Sarvodaya (Wohlstand für alle), Gladenbach 1993

Gandhi, Mohandas K.: Hind Swaraj and Other Writings, hrsg. von Anthony J. Parel, Cambridge 2000
Mit zahlreichen informativen Zusätzen des Herausgebers versehene Neuedition des grundlegenden Werkes Gandhis.

Gandhi, Mahatma: Freiheit ohne Gewalt, hrsg. von Klaus Klostermeier, Köln 1968

The Penguin Gandhi Reader, hrsg. von Rudrangshu Mukherjee, New Delhi 1993
Sammlung von Texten Gandhis

nach thematischen Gesichtspunkten.

Gandhi, Mahatma: Was macht es schon, wenn man uns für Träumer hält?, München 2001

Gandhi, Mahatma: All Men Are Brothers. Autobiographical Reflections, zusammengestellt von Krishna Kripalani, New York 2002

Gandhi, Mohandas K.: Satyagraha in South Africa, Ahmedabad 1972 (Reprint der dritten Ausgabe von 1961)

Biografien und sonstige Werke über Gandhi

Annamalai, Velu (Zusammensteller): Sergeant-Major M-K. Gandhi, Bangalore 1995
Vehement Gandhi-kritische Broschüre.

Arnold, David: Gandhi, Harlow (Essex) 2001

Arp, Susmita: Gandhi, Reinbek 2007

Bartolf, Christian: Emanzipation vom bewußten Paria – Gandhis praktischer Idealismus als gewaltfreier Widerstand, 2. Aufl. Berlin 1995

Bartolf, Christian (Hg.): Wir wollen die Gewalt nicht. Die Buber-Gandhi-Kontroverse. Ein Beitrag zur praktischen Philosophie, Berlin 1998

Becke, Andreas: Gandhi zur Einführung, Hamburg 1999

Birla, G. D.: In the Shadow of the Mahatma, Bombay 1955
Erinnerungen des wohlhabenden Freundes und Gönners Gandhis.

Blais, Genevieve: Gandhi. A Beginner's Guide, London 2002

Blume, Michael: Satyagraha. Wahrheit und Gewaltfreiheit,

Yoga und Widerstand bei Gandhi, Gladenbach 1987
Profunde Analyse des zentralen Satyagraha-Begriffs.

Brown, Judith M.: Gandhi and Civil Disobedience. The Mahatma in Indian Politics, 1928–1934, Cambridge 1977

Brown, Judith M. und Martin Prozesky (Hg.), Gandhi and South Africa. Principles and Politics, Pietermaritzburg 1996

Clement, Catherine: Gandhi. Father of a Nation, London 1996

Collins, Larry und Dominique Lapierre: Gandhi. Um Mitternacht die Freiheit, München 1976

Conrad, Dieter: Gandhi und der Begriff des Politischen, Paderborn 2006

Coward, Harold (Hg.): Indian Critiques of Gandhi, New York 2003
Kritische Betrachtungen zu Gandhi unter thematischen Gesichtspunkten.

Diettrich, Fritz (Hg.): Die Gandhi-Revolution, Dresden 1930
Frühe Aufsatzsammlung mit einem Gandhi-kritischen Beitrag.

Doke, Joseph: Gandhi in Südafrika, Erlenbach-Zürich 1925
In der englischen Ausgabe die erste Gandhi-Biografie überhaupt.

Eberling, Matthias: Mahatma Gandhi, Frankfurt 2006

Erikson, Erik H.: Gandhis Wahrheit. Über die Ursprünge der militanten Gewaltlosigkeit, Frankfurt 1978
Der Klassiker unter den psychologischen Analysen Gandhis.

Fischer, Louis: Gandhi. Prophet der Gewaltlosigkeit, München 1983

Galtung, Johan: Der Weg ist das Ziel. Gandhi und die Alternativbewegung, Wuppertal 1987

Gandhi, Arun: Kasturbai und Mahatma Gandhi, Gladenbach 1981
Ein Enkel des Mahatma über das Verhältnis seiner berühmten Großeltern zueinander.

Grabner, Sigrid: Mahatma Gandhi. Politiker, Pilger und Prophet, Leipzig 2002
Erstmals 1983 in Ost-Berlin erschienen, war diese Darstellung eines der ganz wenigen Bücher über Gandhi, die in der DDR erschienen, abgesehen von Gandhis ›Autobiografie‹.

Gunturu, Vanamali: Mahatma Gandhi. Leben und Werk, München 1999

Ghosh, Prafulla: Gandhi As I Saw Him, Delhi 1968

Hardiman, David: Gandhi in His Time and Ours. The Global Legacy of His Ideas, London 2003

Haussding, Helene: Bei Mahatma Gandhi im Ashram Sabarmati, in: Westermanns Monatshefte, 72. Jg. (Sept. 1927), S. 79–83

Hörig, Rainer: Auf Gandhis Spuren. Soziale Bewegungen und ökologische Tradition in Indien, München 1995

Holitscher, Arthur: Besuch bei Gandhi, in: Die Neue Rundschau, 37. Jg. (1926), S. 474–489

Huttenback, Robert A.: Gandhi in South Africa. British Imperialism and the Indian Question, 1860–1914, Ithaca N. Y., 1971

Kakar, Sudhir: Die Frau, die Gandhi liebte, München 2005 (Tb München 2008)
Teilweise fiktionale Studie des Verhältnisses zwischen Mirabehn und Gandhi. Man beachte die Doppeldeutigkeit des deutschen Titels.

Kämpchen, Martin: Gandhi für Gestresste, 2. Aufl. Frankfurt 2004

Lange, Volker: Mahatma Gandhi. Der gewaltlose Rebell, München 1990
Einführung für Kinder und Jugendliche.

Miller, Roland E.: Indian Muslim Critiques of Gandhi, in: Harold Coward (Hg.): Indian Critiques of Gandhi, New York 2003, S. 193–216

Mühlmann, Wilhelm E.: Mahatma Gandhi. Der Mann, sein Werk und seine Wirkung, Tübingen 1950

Nayak, Anand: Mahatma Gandhi. Meister der Spiritualität, Freiburg 2002

Neufeldt, Ronald: The Hindu Mahasabha and Gandhi, in: Harold Coward (Hg.): Indian Critiques of Gandhi, New York 2003, S. 131–151

Parekh, Bhikhu: Gandhi. A Very Short Introduction, New York 2001

Parel, A.J.: The Origins of Hind Swaraj, in: Judith M. Brown und Martin Prozesky (Hg.): Gandhi and South Africa. Principles and Politics, Pietermaritzburg 1996

Rau, Heimo: Gandhi, 27. Aufl. Reinbek 2002

Rolland, Romain: Mahatma Gandhi, Erlenbach-Zürich 1923
Rollands frühe Biografie trug entscheidend zur Popularisierung Gandhis in Europa bei.

Rothermund, Dietmar: Mahatma Gandhi. Eine politische Biographie, 2. Aufl. München 1997

Rothermund, Dietmar: Mahatma Gandhi, München 2003
Kurzversion des zuvor genannten Werkes.

Rühe, Peter: Gandhi, London 2001
Eindrucksvoller Bildband mit seltenen Fotos.

Schramm, Erich: Ein Besuch bei Romain Rolland und Gandhi, in: Kommende Gemeinde, 4. Jg. (April 1932), S. 136–42

Shukla, Chandrashanker: Incidents of Gandhiji's Life, Bombay 1949
Fundgrube an Anekdoten über Gandhi, erzählt von Augenzeugen.

Sofri, Gianni: Gandhi and India, New York 1999

Swan, Maureen: Gandhi: The South African Experience, Johannesburg 1985
Weithin kritische Analyse der südafrikanischen Zeit Gandhis.

Wolpert, Stanley: Gandhi's Passion. The Life and Legacy of Mahatma Gandhi, New York 2002

Zimmermann, Werner: Mahatma Gandhi. Sein Leben und sein Werk, seine Lehren für uns alle, München 1948
Schmale Schrift eines Augenzeugen und Bewunderers Gandhis im Sevagram-Ashram von Wardha vor dem Ausbruch des Zweiten Weltkrieges.

Zittlau, Jörg: Das Gandhi-Prinzip – die sanfte Art sich durchzusetzen, Freiburg 2005

Sonstige Werke

Ihlau, Olaf: Weltmacht Indien. Die Herausforderung des Westens, München 2006

Kämpchen, Martin: Rabindranath Tagore, 3. Aufl. Reinbek 2002

Kakar, Sudhir und Katharina: Die Inder. Porträt einer Gesellschaft, München 2006

Keay, John: India. A History, London 2004

Kirkpatrick, Ivone: Im Inneren Kreis. Erinnerungen eines Diplomaten, Berlin 1964

Kulke, Hermann und Dietmar Rothermund: Geschichte Indiens. Von der Induskultur bis heute, 2. Aufl. München 1998

Leifer, Walter: Indien und die Deutschen. 500 Jahre Begegnung und Partnerschaft, Tübingen 1969

Mandela, Nelson: Der lange Weg zur Freiheit. Autobiographie, Frankfurt 1994

Metcalf, Barbara D. und Thomas R. Metcalf: A Concise History of India, Cambridge 2003

Nehru, Jawaharlal: Ein Bündel alter Briefe, Darmstadt 1961

Röhl, Bettina: So macht Kommunismus Spaß! Ulrike Meinhof, Klaus Rainer Röhl und die Akte Konkret, Hamburg 2006

Rothermund, Dietmar: Delhi, 15. August 1947. Das Ende kolonialer Herrschaft, München 1998

Rothermund, Dietmar: Geschichte Indiens. Vom Mittelalter bis zur Gegenwart, München 2002

Schnabel, Reimund: Tiger und Schakal. Deutsche Indienpolitik 1941–1943. Ein Dokumentarbericht, Wien 1968

Sparks, Allister: The Mind of South Africa. The Story of the Rise and Fall of Apartheid, London 1991

Tharoor, Shashi: Eine kleine
  Geschichte Indiens, Frankfurt
  2005
Tharoor, Shashi: Die Erfindung
  Indiens. Das Leben des Pandit
  Nehru, Frankfurt 2006
Tölle, Gisela: Kasturba Gandhi –
  die Frau im Schatten des Ma-
  hatma. Ein Leben für Indien,
  Freiburg 1985
Waterstone, Richard: Indien. Göt-
  ter und Kosmos, Karma und
  Erleuchtung, Meditation und
  Yoga, Köln 2001
Wolpert, Stanley: A New History
  of India, 7. Aufl. New York 2004

Bildnachweis

Danksagung

Herrn Botschafter a. D. Herbert Fischer, Berlin, danke ich für die informative Schilderung seiner Erlebnisse in Gandhis Sevagram-Ashram vor dem Zweiten Weltkrieg. Das Südasien-Institut der Universität Heidelberg erwies sich als sprichwörtliche Fundgrube an Informationen.

Personenregister